Roland

Le REIKI

Puissant catalyseur de transformation personnelle et de guérison

Un guide pratique pour le novice, le praticien et le maître

incluant des témoignages de parcours

Catalogage avant publication de Bibliothèque et Archives nationales du Québec et Bibliothèque et Archives Canada

Bérard, Roland, 1950-

[Reiki. Français]

Le reiki, un puissant catalyseur de transformation personnelle et de guérison : un guide pratique pour le novice, le praticien et le maître, avec témoignages de parcours à l'appui

Publié aussi en anglais sous le titre : Reiki - A Powerful Catalyst for Personal Transformation and Healing.

Comprend des références bibliographiques

ISBN 978-0-9919112-3-3

1. Reiki. 2. Esprit et corps. I. Titre.

RZ403.R45B4714 2013   615.8'52   C2013-941396-0

Dépôt légal - Bibliothèque et Archives nationales du Québec 2013

Dépôt légal - Bibliothèque et Archives Canada 2013

Crédits

Conception de la couverture par KillerCovers

Révision – Nicole Amyot et Louise Vandale

Image du symbole de Reiki sur la couverture arrière et 1e page
©James Kingman/Dreamstime

ISBN : 978-0-9919112-3-3
Première publication – août 2013
Roland Bérard

Ce livre est dédié au maître intérieur de chacun

ainsi qu'à toutes les personnes qui travaillent pour transformer le monde, une personne à la fois, en commençant par elles-mêmes.

INTRODUCTION

Deux chemins se tracent dans un boisé et moi,
j'ai pris le chemin le moins parcouru :
cela a fait toute la différence.

Traduction d'un poème de Robert Frost
"The Road Not Taken" (1916, pp. 18-20)

J'ai découvert le Reiki en 1994. Je ne connaissais rien du travail énergétique. Ma curiosité fut éveillée après en avoir entendu parler au bureau de la naturopathe qui traitait mes enfants. J'ai décidé spontanément de m'inscrire à la formation d'une fin de semaine en Reiki après que l'épouse de mon professeur de violon m'eût partagé son expérience du Reiki.

J'ai vécu une expérience profonde et inoubliable lors de ce premier cours. J'ai toujours désiré aider les gens qui souffrent et voilà que je découvre une méthode simple de le faire. J'avais très hâte de la pratiquer sur moi-même, ma famille, mes amis et toute autre personne intéressée à explorer quelque chose de nouveau. La possibilité de traiter à distance m'intriguait et j'ai pu le pratiquer sur les membres de ma famille qui vivaient dans une autre ville.

Je fus impressionné par le fait que le mal d'épaule de mon beau-frère a disparu en un seul traitement bien qu'il avait auparavant consulté plusieurs autres thérapeutes. La mononucléose de mon neveu a guéri en un mois plutôt qu'en trois mois habituels. Ces résultats m'ont encouragé à poursuivre ma formation.

Je ne pensais vraiment pas enseigner le Reiki un jour. Pourtant, trois ans plus tard et après avoir complété mon niveau maître, je savais à l'intérieur de moi que je voulais partager ce cadeau qui m'avait tant apporté. J'ai donc commencé à enseigner.

Le Reiki a changé ma vie. Mon expérience de guérison par le Reiki m'a amené à explorer la thérapie et à suivre d'autres formations. En 2001, j'ai quitté mon emploi en tant qu'ingénieur et directeur de projets et j'ai ouvert un cabinet afin de travailler individuellement avec les gens et enseigner le Reiki.

Le Reiki fut la première approche thérapeutique que j'ai apprise et expérimentée. J'ai depuis élargi mes habiletés en suivant d'autres formations telles que la Science de Barbara Brennan, le Quantum Touch, la méthode Hakomi, le Thétahealing, la technique de libération émotionnelle (EFT) et récemment, la somato-psychopédagogie (SPP - fasciathérapie, méthode Danis Bois) et le Cœur Énergétique. J'intègre maintenant toutes ces approches dans mon travail avec les clients[1].

Ma pratique énergétique de Reiki a évolué. Elle s'est transformée en une pratique de facilitateur en guérison dans laquelle j'accompagne les gens sur leur chemin d'éveil et de rééquilibrage de vie. Ceci se fait en passant par l'énergie et la conscience et en utilisant des thérapies qui prennent en considération le corps, l'esprit et la spiritualité. En présence aimante et bienveillante, je suis l'émergence du moment présent, je fais confiance à l'organicité du processus spontané de guérison et au fait que le client a déjà en lui les ressources qui vont le mener à son bien-être à tous les niveaux. Je fais aussi confiance au fait que la bonne approche ou technique se présentera sans effort au bon moment.

---

[1] Dans le présent document, les termes employés pour désigner des personnes sont pris au sens générique; ils ont à la fois valeur d'un féminin et d'un masculin.

Sur ce chemin, j'ai grandi en conscience et en amour-propre et j'ai aidé les autres dans leur cheminement. Ce cheminement a grandement influencé mes relations avec ma famille, mes enfants et mes partenaires de vie.

Même si le changement de carrière et le développement de ma pratique furent un grand défi, je n'ai jamais regretté mon choix. Je sais que j'effectue maintenant le travail que je suis venu faire sur Terre. Je suis très reconnaissant envers la mère de mes enfants, Marla, et mes deux fils, Philip et Benoit, pour leur soutien infaillible et leur encouragement alors que nous naviguions ce changement de vie. Et je me sens privilégié d'avoir pu côtoyer tous les maîtres qui se sont présentés sur mon chemin.

De plus en plus, je peux vivre le moment présent plutôt que de laisser mon passé dicter mon présent et devenir le gabarit de mon futur. Avoir développé la conscience et avoir repris mon pouvoir sur ma vie m'ont permis à chaque moment d'opter pour des choix plus alignés avec ma vraie nature.

En publiant ce livre sur le Reiki, je désire humblement partager mon expérience et ma couleur personnelle avec les novices, les praticiens et les maîtres. J'y ai inclus plusieurs témoignages de parcours reçus d'étudiants à qui j'ai enseigné.

J'espère que ce livre vous encouragera à explorer cette approche transformatrice qui est simple, accessible et facile à apprendre, pour enfin permettre à votre maître intérieur d'émerger. Ceci va enrichir ce que vous faites déjà ou vous mettre sur un nouveau chemin. Vous pourrez alors partager le cadeau de qui vous êtes avec le monde entier et tous en bénéficieront. Offrez-vous ce cadeau et joignez-vous à ceux qui ont été transformés par le Reiki.

Si vous êtes un praticien de Reiki, vous découvrirez des points de vue différents sur ce que vous avez appris, élargirez votre connaissance et votre compréhension et enrichirez votre pratique du Reiki.

Si vous êtes déjà Maître Reiki, j'ose espérer que ce livre ajoutera à vos enseignements.

SURVOL

Ce livre est divisé en six chapitres, avec annexes à l'appui.

Le chapitre 1 – **Le Reiki, qu'est-ce que c'est et à quoi ça sert ?** - présente ce qu'est le Reiki, son historique et ses principes fondamentaux, ses bénéfices et son utilisation.

Le chapitre 2 – **Le champ énergétique et les chakras** - donne un survol du champ énergétique à travers lequel le Reiki est mis en application.

Le chapitre 3 – **Apprendre le Reiki** - expose les différents niveaux d'apprentissage et ce qui est enseigné dans chacun d'eux.

Le chapitre 4 – **Mise en application du Reiki – guide pratique pour le praticien** - présente les différents aspects de la pratique qui doivent être pris en considération par le praticien.

Le chapitre 5 – **Intégration du Reiki dans la vie personnelle et au travail** - suggère différentes façons d'intégrer le Reiki dans la vie de tous les jours et dans votre environnement de travail.

Le chapitre 6 – **Transformation à travers le chemin du Reiki** - aborde les différents aspects du chemin d'éveil de conscience et du cheminement du praticien, à partir du premier niveau jusqu'au niveau maître.

Les annexes offrent de l'information et des ressources complémentaires.

CHAPITRE 1

LE REIKI, QU'EST-CE QUE C'EST ET À QUOI ÇA SERT ?

Ce chapitre introduit le Reiki, son historique, les principes qui l'encadrent, ses bienfaits et son utilisation.

Qu'est-ce que le Reiki ?

Le Reiki est une technique de guérison par imposition des mains qui tire ses origines du Tibet et qui a été redécouverte au 19e siècle par Mikao Usui, un moine japonais passionné par la guérison. C'est une façon efficace, simple, accessible et facile de se brancher à l'énergie universelle afin d'en bénéficier soi-même ou d'en faire bénéficier une autre personne.

Le Reiki n'est ni une secte, ni une religion. Un Maître Reiki est un enseignant et non un guru. Le Reiki est transmis directement du Maître Reiki à l'étudiant et aucune pression d'avancer aux autres niveaux n'est exercée sur les étudiants. Les étudiants sont plutôt encouragés à avancer selon leur propre rythme.

Même si le Reiki peut être utilisé pour soigner les autres personnes, je mets l'emphase lors de mes enseignements qu'il est d'abord et avant tout un cheminement vers soi qui nous aligne avec notre vraie nature et enlève les couches qui cachent le maître à l'intérieur.

Le mot Reiki vient de deux mots japonais « Rei » et « Ki ». Le « Ki » est l'énergie vitale et la conscience qui animent tout. Il est reconnu également comme le Chi, le Prana ou la force de vie. Le « Rei » signifie universel. Les deux ensemble signifient « Énergie Universelle ». C'est une énergie de conscience et d'amour inconditionnel. Lorsqu'on se branche à cette énergie et qu'on la transmet, elle a un effet calmant, elle stimule et soutient la guérison de l'intérieur. L'énergie du Reiki a la fréquence vibratoire de la couleur violet qui elle-même appuie la guérison et l'éveil de conscience.

Cette méthode d'équilibrage est accessible à tous et est facile à apprendre lors d'une formation d'un ou deux jours. Aucun prérequis n'est exigé pour suivre la formation. Toutes et tous possèdent la capacité de canaliser l'énergie universelle. Vous en faites sûrement l'expérience lorsque vous mettez une main aimante sur quelqu'un ou que quelqu'un le fait pour vous. Il existe un grand nombre de techniques d'imposition des mains. Le Reiki se distingue par ses initiations énergétiques qui augmentent la capacité de transmettre l'énergie. Ces initiations sont de puissantes transmissions énergétiques données par le Maître Reiki qui agissent sur la personne qui les reçoit.

Aussi simple que cela peut sembler, suivre une formation de Reiki peut être une expérience transformatrice. Ce qui m'incite à continuer à enseigner, ce sont justement ces transformations qui me sont rapportées à la suite des apprentissages des différents niveaux. Beaucoup de personnes reviennent approfondir leur expérience et leur connaissance du Reiki. Chaque niveau a un effet puissant et cumulatif.

Le Reiki traditionnel s'apprend en trois ou quatre niveaux selon la lignée du Maître Reiki. D'autres formes de Reiki ont évolué à mesure que de l'information, des techniques et des symboles additionnels ont été reçus par des Maîtres Reiki qui les ont intégrés dans de nouvelles approches.

Le Reiki peut être utilisé pour se soigner ou soigner une autre personne. Il n'est pas nécessaire d'y croire pour que ce soit efficace. On a simplement besoin d'une intention de guérison. L'énergie du Reiki ne peut agir en mal et on ne peut trop en recevoir.

Les enfants répondent bien au Reiki et peuvent être initiés à un bas âge; ils l'apprennent facilement. Quel avantage d'être introduit au Reiki à un jeune âge et pouvoir se traiter, être soutenu dans le développement de son plein potentiel et partager ce cadeau !

Le Reiki peut aussi être transmis à l'eau, aux plantes, aux animaux, aux situations, aux évènements passés et futurs, et bien d'autres choses, comme vous allez le découvrir en lisant ce livre.

L'histoire du Reiki

Le moine japonais Mikao Usui était un passionné de la guérison. Pourquoi (en son temps et dans sa tradition) est-ce que la guérison accordait la priorité à l'aspect spirituel plutôt qu'à l'aspect physique ? C'était son questionnement. Il avait fort probablement déjà entendu parler de l'imposition des mains mais n'en savait pas assez pour l'utiliser, et il ne trouvait pas de réponse à sa question.

Sa curiosité l'a mené sur une quête au cours de laquelle il étudia tout ce qu'il pouvait trouver sur la guérison. Il cherchait dans les textes japonais, chinois et même les anciens textes bouddhistes (connus sous le nom de sutras). C'est dans un de ces sutras de la tradition tibétaine qu'il trouva les clefs et les symboles qu'il recherchaient. Lors d'un jeûne et d'une méditation de 21 jours sur le Mont Kurama, il reçut les connaissances qui lui permettraient d'activer les clefs et les symboles trouvés dans ces anciens textes.

Il se servit de cette découverte pour développer un système de soins simple et efficace d'imposition par les mains qu'il nomma Usui Shiki Ryoho (méthode de guérison Usui). Il la pratiqua dans un premier temps sur les gens démunis dans le quartier pauvre de Kyoto. Plus tard, partout au Japon, il enseigna aux gens qui étaient intéressés à apprendre sa méthode et avancer sur le chemin de guérison et de transformation. Usui choisit cinq principes fondamentaux pour encadrer la méthode et guider les praticiens. Il a aussi reconnu l'importance de l'échange afin de s'assurer que le receveur en bénéficie au maximum.

Hawayo Takata, une femme japonaise native de Hawaii, apprit la méthode après avoir été traitée et guérie de ses tumeurs. Elle se fit traiter dans une clinique de Reiki à Tokyo mise sur pied par le Dr Chujiro Hayashi, étudiant et le successeur de Usui. Mme Takata retourna à Hawaii pour pratiquer le Reiki et plus tard, déménagea en Californie. Afin de rendre le Reiki plus abordable et acceptable pour les occidentaux, elle condensa les apprentissages en trois formations brèves, mais puissantes. À la fin de sa carrière, elle avait transmis les enseignements à vingt-deux Maîtres Reiki qui les ont ensuite répandus à travers le monde entier.

Même si l'histoire traditionnelle de Reiki racontée dans les livres de Reiki suggère que les Dr Chujiro Hayashi et Hawayo Takata étaient les seuls successeurs de Usui, Mikao Usui a transmis ses enseignements à bien d'autres Maîtres Reiki. Dans le livre *The Spirit of Reiki* (Lübeck et al. 2001), les auteurs présentent les résultats de leurs recherches sur les autres lignées de Mikao Usui.

Aujourd'hui, le Reiki est devenu très populaire et est utilisé professionnellement en tant que médecine énergétique holistique complémentaire. C'est très inspirant pour moi de voir les jeunes personnes s'intéresser à cet art de guérison.

À mesure que la médecine traditionnelle se familiarise avec ses effets calmants et guérissants, le Reiki s'intègre dans les milieux hospitaliers et aide les patients à la préparation ou la convalescence lors des interventions médicales. J'ai eu l'honneur ces dernières années de présenter le Reiki aux étudiants de la quatrième année en médecine à l'Université McGill à Montréal (Québec) Canada.

Les associations de Reiki

Le Reiki est transmis directement du Maître Reiki à l'étudiant et n'est pas régi par un organisme global. La plupart des Maîtres Reiki restent fidèles à ce qu'ils ont appris et ajoutent leur couleur à l'enseignement. Même s'il n'est pas nécessaire de se joindre à une association pour pratiquer le Reiki professionnellement, le faire donne accès à des ressources précieuses pour le praticien en plus d'apporter plus de crédibilité et de visibilité.

Les associations sont formées de praticiens, d'enseignants, d'étudiants et d'autres personnes de soutien. Souvent, elles vont établir des exigences pour se joindre et développer des cadres d'enseignement, un code d'éthique et du matériel didactique. Elles ont généralement aussi des listes des membres et praticiens, un bulletin et des groupes d'échange.

Plusieurs associations encouragent et organisent des partages de Reiki dans lesquels les étudiants, praticiens et parfois des novices peuvent échanger leurs expériences, rencontrer d'autres personnes et s'échanger des soins. Un échange est normalement animé par un Maître Reiki, mais il peut être organisé par toute personne désirant échanger et partager.

La plupart des organisations se donnent pour mission de promouvoir le Reiki et de mettre en place des programmes de soins dans les communautés, les organismes de santé et les centres hospitaliers. Quelques-unes initient et encouragent la recherche pour valider les résultats bienfaisants du Reiki.

La première association formée par Mme Takata fut la « American Reiki Association ».

D'autres ont suivi. En voici quelques-unes :

- « The Reiki Alliance », formée par Phyllis Lee Furumoto (la petite-fille de Hawayo Takata);

- « The American International Reiki Association Inc. (AIRA) », formée par le Dr Barbara Weber Ray;

- « The American Reiki Masters Association (ARMA) », formée par le Dr Arthur Robertson qui a introduit le système à quatre niveaux;

- « The International Centre for Reiki Training », formée par William Rand.

Aujourd'hui, il existe des associations dans plusieurs pays. Une recherche sur Internet en identifiera sûrement une dans votre région.

Le Reiki en tant que catalyseur de transformation personnelle

Lorsque je donne des formations, j'insiste sur le fait que le Reiki est, d'abord et avant tout, un chemin vers soi. Ceci, pour moi, est un des cadeaux les plus précieux du Reiki et celui qui ne cesse de me fasciner.

L'initiation transmise à l'étudiant par le Maître Reiki augmente le niveau vibratoire du champ énergétique et ouvre le canal pour laisser passer plus facilement l'énergie du Reiki.

En plus d'ouvrir ces voies d'énergie, les initiations agissent en tant que catalyseur pour la croissance personnelle et la transformation. Elles déclenchent un processus d'ouverture à soi et d'alignement à la mission choisie pour cette vie. À mesure que l'intégration des nouvelles énergies se fait, l'étudiant peut devenir conscient de blocages qui sont prêts à être relâchés ou transformés, tels que des croyances limitatives ou des émotions réprimées. Il se peut que des opportunités se présentent qui étaient auparavant hors de vue. Des synchronismes inattendus ouvrent des portes sur la prochaine étape du chemin de vie.

À mesure que l'étudiant continue de s'aligner avec sa tâche de vie, la vie devient moins difficile et plus nourrissante. Les attitudes et les façons de voir son cheminement peuvent amener des changements dans le travail pour le rendre plus plaisant ou bien mener à un nouveau travail plus aligné avec la vraie nature de la personne.

Ce processsus guidera la personne vers d'autres gens qui vont l'assister et l'appuyer. Ce pourraient être des amis, des collègues, des enseignants ou des thérapeutes. De nouvelles expériences se présenteront. En devenant plus conscient de ses dynamiques et en commençant à effectuer des changements dans sa vie, la personne voit la présence à soi s'approfondir. Ce nouveau contact à soi permet de partager davantage ses dons et améliore les relations.

Tout ceci améliore l'habileté d'être présent à ceux qui se présentent comme clients ainsi que la capacité de lâcher prise sur les résultats et de mettre l'ego de côté.

Les étudiants partagent beaucoup de témoignages de ce processus de transformation lors des formations subséquentes et je suis honoré d'être témoin du fait qu'ils deviennent plus heureux et plus entiers.

Comme il est mentionné dans l'introduction, le Reiki m'a mis sur un chemin qui a changé ma vie et m'a amené à faire ce pourquoi je suis venu sur Terre.

Les cinq principes fondamentaux du Reiki

Parmi tous les principes qui peuvent guider une vie, Mikao Usui en a adopté cinq qui sont très près des enseignements du Bouddha.

- Juste aujourd'hui, je ne me ferai pas de souci.

- Juste aujourd'hui, je ne me mettrai pas en colère.

- Juste aujourd'hui, j'honorerai tous les êtres vivants.

- Juste aujourd'hui, je gagnerai ma vie de façon honnête.

- Juste aujourd'hui, j'aurai une attitude de gratitude.

Usui a aussi choisi d'adopter un principe d'échange pour un soin.

Ces principes encadrent une vie saine. Les intégrer dans la vie de tous les jours est un processus d'une vie entière.

J'aime beaucoup la formulation des principes. Ces deux mots « juste aujourd'hui » peuvent s'ajuster à la situation du moment - « Juste ce matin, cette minute, cette semaine ou ce mois-ci ». Cette formulation nous donne la chance d'intégrer les principes à un rythme sous notre contrôle et ne demande pas un engagement à vie. On peut émettre son intention et faire des choix réalistes, mesurables et atteignables qui sont alignés avec le principe et notre désir d'améliorer notre vie et celle de ceux qui nous entourent.

Voici ce que Barbara, Maître Reiki, nous partage à ce sujet :

« Lorsque j'ai entendu les principes, j'en ai compris la logique fondamentale. Toute ma vie,

j'avais essayé de prendre des décisions définitives afin de changer quelque chose en moi. Mes affirmations ressemblaient à ceci : « Dorénavant, je ferai ou ne ferai pas ceci ». Lorsque j'ai commencé à utiliser les principes avec ces mots « juste aujourd'hui », j'ai senti un poids s'enlever. J'ai réalisé qu'essayer de faire une empreinte de mon affirmation dans le futur me créait un stress et souvent j'abandonnais trop vite dans mon désir de changement. »

Intégrer les principes et grandir avec eux exigent de développer l'habileté du Témoin ou de l'Observateur. Cette habileté nous permet de nous observer avec curiosité, sans jugement et avec compassion, afin que nous puissions prendre conscience de nos réactions et, éventuellement, pouvoir répondre au lieu de réagir à ce qui se passe pour nous dans le moment présent.

Cette habileté nous permet de voir comment notre ego agit souvent pour les mauvaises raisons. Elle aide à développer un ego adulte qui peut éventuellement se permettre de se transcender. Eckhart Tolle (2005) dans *La nouvelle terre* nous aide à identifier et transformer l'ego.

Beaucoup de temps est alloué dans mes formations pour explorer les principes. Regardons maintenant ces principes de plus près...

Juste aujourd'hui, je ne me ferai pas de souci

Quand nous sommes inquiets ou anxieux, il est difficile d'être présents et de goûter au plaisir de ce que nous faisons, d'être avec les gens avec qui nous sommes ou ce qui se passe dans le moment présent. L'anxiété vient toujours d'une peur qu'il se passera quelque chose de déplaisant ou de dangereux. On s'inquiète de plein de choses sur lesquelles nous avons peu ou pas de contrôle : les finances, la maladie, nos enfants, le travail, ce que les autres pensent de nous, l'estime de soi, si on a fait la bonne affaire, etc.

La vie se passe dans le moment présent. Le passé est passé, et le futur n'est pas encore; il est une parmi d'innombrables possibilités. À partir de nos expériences du passé, nous formons des croyances et des généralisations sur la vie qui nous limitent et nous empêchent de voir la réalité telle qu'elle est. Si nous n'en sommes pas conscients, ne sommes pas prudents, notre passé peut facilement devenir notre futur. Nos croyances contrôlent nos pensées et notre façon de voir les choses. Elles contrôlent donc notre comportement et la façon dont nous organisons notre expérience du moment présent. Par exemple, si nous croyons que les gens nous perçoivent d'une certaine façon, nous allons réagir à partir de cette distorsion. Leurs réactions correspondront à nos attentes. C'est la façon dont nous créons notre futur basé sur notre passé.

Il est possible de créer un futur différent après avoir pris conscience de cette dynamique.

Intégrer ce principe signifie en fait : « faites-vous confiance ». Ayez confiance que vous êtes précisément là où vous devez être. Ayez confiance que la vie vous apportera ce dont vous avez besoin pour grandir et qu'elle vous mettra sur le bon chemin. Abandonnez-vous, non dans le sens de vous relâcher, mais plutôt de vous rendre à quelque chose de plus grand que vous.

Dans *Le pouvoir du moment présent,* Eckhart Tolle (2000) élabore sur le moment présent et nous montre comment améliorer notre capacité de vivre ici et maintenant plutôt que dans le passé ou le futur.

« Vous ne pouvez pas « être » hier, vous pouvez seulement vous en « souvenir ». Vous ne pouvez pas « être » demain, vous pouvez seulement le « prévoir ». Vous pouvez seulement « être » dans le présent. » (Desjardins, 2002)

Devenir conscient de notre comportement nous donne la possibilité de le transformer.

Juste aujourd'hui, je ne me mettrai pas en colère

Ce principe est un défi pour la plupart des gens.

Lorsque je demande aux étudiants : « Que faites-vous avec votre colère ? » voici quelques-unes des réponses que j'entends :

- J'ai tendance à la réprimer;
- Je l'exprime en solitude;
- J'explose. Mes amis s'y habituent;
- Je ne me mets pas vraiment en colère.

La société dans laquelle nous vivons ne nous encourage pas à exprimer, reconnaître, nous approprier ou gérer la colère de façon constructive et saine. On nous enseigne plutôt à l'ignorer, la réprimer ou la nier. Les sentiments sont alors enfouis et sortent en distorsion, souvent envers quelqu'un d'innocent qui ne le mérite pas. De plus, cette colère s'imprègne dans le corps en tension et/ou en maladie. John Pierrakos, cofondateur de la Bioénergie et fondateur de Core Energetics, disait souvent que chaque tension musculaire retient de la colère.

Nous avons peut-être été blessés dans le passé par l'expression de la colère de nos parents, d'autres adultes ou des personnes en autorité. Dans l'enfance, nous ne pouvions savoir que nous n'étions pas responsables de la colère d'une autre personne. Puisque nous étions dépendants et ne pouvions survivre sans une relation avec ces adultes, nous en avons conclu que nous en étions la cause, et que nous n'étions

17

pas corrects. Ensuite, nous avons retourné cette colère envers nous-même.

Si nous avons été blessés par la colère ou avons été témoins de violence à la suite d'une colère, nous avons peur que si nous exprimons la nôtre, elle sera aussi destructive et nous aliénera les autres.

Alexander Lowen (1999) définit la colère comme une force de survie qui veut rétablir l'équilibre de l'organisme, tout comme la pression à l'intérieur d'un ballon agit pour le ramener à une sphère parfaite lorsqu'un doigt le déforme. (p. 123)

« Au cœur de toute colère, il y a un besoin insatisfait. La colère peut donc être très utile si nous l'utilisons comme un signal d'alarme : elle nous permet de prendre conscience qu'il y a chez nous un besoin inassouvi et que nos pensées actuelles diminuent fortement nos chances de le satisfaire. » (Rosenberg, 1999, p. 151) Rosenberg nous démontre dans cet ouvrage que nous pouvons utiliser ce signal pour identifier le besoin non rencontré, exprimer les faits d'une façon qui ne blâme pas l'autre personne ou nous-mêmes, pour ensuite formuler une demande que les choses changent. Je recommande fortement ce livre et les formations qui ont été créées pour permettre de l'intégrer dans la vie quotidienne.

Le signal que nous donne la colère peut être faible ou extrême. Sa progression peut être exprimée de la façon suivante :

- Une nuisance : une forme légère de colère qui peut se développer en ressentiment.

- Une frustration ou une irritation : un signal un peu plus fort qui peut aussi se développer en ressentiment.

- Une colère : normalement contrôlable.

- De la rage : dirigée envers quelqu'un avec une intention de blesser, mais qui peut aussi être contrôlée.

- Une furie : force destructive pas contrôlable.

Même si parfois la colère n'est pas justifiable ou est hors proportion, elle peut être la source d'une énergie pour se défendre, pour corriger un mal, pour nous assurer que nos limites soient respectées ou même, pour sauver une vie, incluant la nôtre. La colère peut être une émotion nécessaire et légitime. C'est ce que nous en faisons qui peut être positif ou négatif. La retenir peut éventuellement causer une maladie ou un cancer. La colère peut être une émotion « guérissante » quand elle est gérée de façon positive.

Votre colère vous appartient. Vous êtes la seule personne qui peut s'en occuper. Une fois libérée, elle ne peut plus faire de tort.

Alors, en suivant ce principe, on reconnaît, s'approprie et apprend à gérer la colère d'une façon constructive plutôt que destructive afin que notre vie, nos relations et notre santé puissent s'améliorer et que nous puissions vivre entiers à partir de notre vérité.

Juste aujourd'hui, j'honorerai mes aïeux, mes enseignants et tout être vivant

Ce principe semble assez évident. Par contre, notre société moderne a tendance à mettre de côté nos aïeux (parents, personnes âgées et retraitées); ils ne sont pas respectés pour la sagesse acquise tout au long de leur vie. Ils ne sont pas non plus encouragés à continuer de contribuer à la société.

Nous écrasons une araignée, une fourmi ou un moustique sans arrière-pensée.

Peu de gens sont conscients (et seraient horrifiés s'ils l'étaient) de la façon dont l'industrie de producteurs de viande manque de respect pour la volaille, le porc et le bœuf. Afin de réduire les coûts d'exploitation et de maximiser les profits en réponse au public et aux exigences des actionnaires, les animaux sont alimentés avec de la nourriture pauvre et sont gardés dans des espaces restreints dans lesquels ils deviennent agressifs. Cette agressivité est transmise dans la viande et les autres produits et ensuite ingérée par les gens qui les mangent. C'est une des raisons pour lesquelles je ne mange plus de viande.

Très peu de gens aujourd'hui ont eu l'occasion d'être présents lors de l'abattage d'un animal, comme j'ai pu l'être durant ma jeunesse. Ils ne peuvent même pas s'imaginer la souffrance endurée par ces animaux en donnant leur vie pour la consommation humaine.

Bien que les amérindiens et d'autre cultures indigènes prennent le temps de remercier avant de manger ou lors d'une interaction avec la nature (par exemple, en tuant un animal ou en abattant un arbre), ce respect de la nature et des animaux n'est pas enseigné ni encouragé dans notre société occidentale. C'est même gênant pour certains de remercier à l'occasion de l'Action de Grâce !

Nous avons perdu le respect pour la Terre Mère. Les forêts sont en voie de disparition à une vitesse alarmante, les eaux et l'air sont pollués. Les gènes dans la chaîne d'alimentation sont modifiés sans recherche adéquate pour s'assurer qu'il n'y ait pas d'effets indésirables.

Il est temps que nous changions notre façon de faire avant qu'il ne soit trop tard. Heureusement, plusieurs groupes en sont conscients. Ils travaillent très fort pour vivre de manière plus économique, recyclent, réutilisent pour réduire leur consommation, conserver les ressources et encourager le mouvement vers la nourriture biologique.

Ce principe parle d'être conscient de notre gaspillage et du non-respect de la vie afin que nous puissions effectuer le changement dans nos attitudes en premier lieu, notre amour-propre et notre façon de traiter tout ce qui vit. En ce faisant, nous laissons place à la gratitude à chaque moment.

Juste aujourd'hui, je gagnerai ma vie de façon honnête

Le premier niveau de ce principe est de vivre sans mentir, sans voler, sans tricher et sans être malhonnête, et de demander un prix équitable pour les services rendus.

À un niveau plus profond, il parle aussi de vivre avec intégrité avec soi et les autres. Ce n'est pas aussi facile que cela peut le sembler. On doit premièrement trouver notre voix intérieure et l'écouter. On a besoin de différencier cette voix de celle du super ego - toutes ces voix que nous avons intériorisées de la société, de notre culture et des figures d'autorité, incluant nos parents, professeurs et supérieurs.

Ensuite, nous devons apprendre à suivre et exprimer notre vérité. La plupart d'entre nous avons appris à mettre nos besoins de côté afin d'être aimés. Dire « NON » et faire respecter les limites n'est pas facile quand notre habitude a été de dire « OUI ».

Nous avons besoin d'apprendre à vivre à partir de nos passions plutôt que de performer pour rencontrer une image idéalisée de soi inatteignable ou pour obtenir de l'approbation. Peut-être aurons-nous à changer de travail pour un autre qui est plus nourrissant. Nous y serions plus heureux et ceci serait reflété sur tout l'environnement de travail. Nous pourrions alors contribuer à un but commun plutôt que de faire ce que nous pensons devoir faire pour plaire à quelqu'un d'autre. Alors, nous pourrions rayonner et vivre le cadeau de qui nous sommes.

J'ai beaucoup aimé mes vingt-cinq années de travail en tant qu'ingénieur et directeur de projets. Même si la transition fut un grand défi pour ma famille et moi, le travail que je fais maintenant est beaucoup plus nourrissant et aligné avec ma vraie nature.

En intégrant ce principe, vous allez possiblement remettre en question votre travail, vos amis et votre style de vie et choisir d'y apporter des changements.

Juste aujourd'hui, j'aurai une attitude de gratitude

Arnaud Desjardins (1998, p. 176) insiste dans sur le fait que le bonheur, l'amour et la gratitude sont intimement interreliés.

Il fut un moment où j'ai réalisé que j'étais très négatif, que je me concentrais sur le manque plutôt que ce qui était là et disponible. J'ai inscrit dans mon journal pendant plus d'un an toutes les choses envers lesquelles je pouvais avoir de la gratitude: des choses simples telles que de l'eau courante, de la nourriture, une demeure et des amis qui m'aiment.

Aujourd'hui, je commence la journée avec une série d'exercices et de méditations. Je termine avec la phrase « Aujourd'hui, j'ai de la gratitude pour (ce qui me vient à l'esprit ce jour-là) ». Ceci m'aide à être plus reconnaissant au courant de la journée.

Avant de prendre mes repas, je prends le temps de bénir ma nourriture, appliquer un symbole de Reiki, lui donner ma propre vibration et remercier la Terre Mère et tous ceux qui ont contribué à ce qu'elle se trouve à ma table. Souvent, je prends la main de ceux qui partagent le repas avec moi et les remercie de leur présence. Ceci rend ces moments sacrés alors que je prends plaisir à savourer le cadeau précieux d'être en vie.

Voici un exercice que vous pouvez faire maintenant.

Prenez un moment pour constater votre état intérieur. Ensuite, amenez à l'esprit quelqu'un ou quelque chose pour qui vous éprouvez de la gratitude dans le moment présent. Soyez attentifs à son effet sur votre état intérieur. Peut-être sentirez-vous un bien-être, votre cœur s'ouvrir ou un sourire se dessiner.

Faites cet exercice quand vous vous retrouvez dans un espace négatif, impatient, inquiet ou en colère.

Vous pouvez apprendre à cultiver la gratitude pour les défis importants de la vie tels qu'une maladie grave, un accident, lors de la perte d'un être cher, si vous considérez que cet événement présente une occasion de transformer votre conscience et d'apporter des changements dans votre vie ou dans vos relations.

Cultiver une attitude de gratitude peut changer votre vie et vous attirer de plus en plus d'abondance.

Combinez cette attitude de gratitude avec le « OUI » à la vie, à tout ce qui vous arrive, même quand c'est difficile. « Oui, je prends la responsabilité d'avoir créé cela dans ma vie. » « Oui, j'ai confiance qu'il y a une raison pour laquelle j'ai créé ce qui m'arrive. » « Oui, ce n'est pas ce que je veux. » « Oui, je fais un choix conscient de changer. » Et, peut-être le plus difficile « Oui, je choisis de laisser aller ma négativité et de dire « Oui » à être heureux ».

Faites une recherche sur Internet et inscrivez-vous à des rappels sur la gratitude. Vous en serez reconnaissants.

Le principe de l'échange

Bien que l'échange ne fasse pas partie des cinq principes du Reiki, Usui a commencé à demander quelque chose en échange d'un traitement quand il s'est rendu compte que quelques personnes qu'il aidait gratuitement récidivaient dans leur maladie ou les difficultés dans leur vie.

L'échange joue un rôle important dans le cheminement vers la guérison. Souvent, son importance est diminuée ou ignorée complètement. Demander un échange était un grand défi pour moi quand j'ai commencé à donner des traitements. Je ne pouvais pas me le justifier jusqu'à ce que je prenne conscience de mes croyances et mes images à ce sujet et que je rehausse enfin mon estime de moi-même.

L'échange repose sur le besoin d'un équilibre entre donner et recevoir. Il est aussi important pour la personne qui donne que pour celle qui reçoit.

Et il existe des circonstances pour lesquelles un échange n'est pas nécessaire ou approprié.

Il y a plusieurs aspects de ce principe sur lesquels j'aimerais élaborer.

Responsabilité et reprendre son pouvoir

Vous connaissez probablement le proverbe « Donnez un poisson à une personne et elle mangera un jour; montrez-lui à pêcher et elle mangera durant toute sa vie. » Le but ultime d'un praticien de Reiki, d'un facilitateur en guérison, d'un accompagnant ou d'un aidant de quelque sorte, est d'aider sa clientèle à reprendre le pouvoir afin que ces personnes puissent créer des expériences nourrissantes dans leur vie. Le but n'est évidemment pas de créer une dépendance.

Nous sommes tous 100 % responsables de ce qui nous arrive. Ceci est difficile à comprendre pour ceux qui souffrent ou qui sont témoins de la souffrance d'une autre personne. Le concept d'assumer la responsabilité est souvent compris comme acceptant le blâme. C'est plutôt de prendre en charge et d'être proactif sur ce qui se passe.

Dans un portrait plus global, tout ce qui arrive, arrive pour une raison : soit que cela fasse partie de notre mission ou que la vie nous présente une occasion de grandir en conscience et d'apprendre de cette expérience.

Certaines personnes qui ont vécu un cancer ont constaté qu'en dépit de la souffrance qu'elles ont endurée, ce fut une expérience positive. Certains ont apporté des changements importants dans leur vie et d'autres ont vu le cancer rapprocher les membres de leur famille.

Lorsqu'une personne s'investit dans sa guérison, elle a de meilleures chances que la guérison soit permanente.

La différence entre « prendre soin de » et « prendre en charge »

« Prendre soin de » s'adresse aux besoins d'une personne qui ne peut pas prendre soin d'elle-même. Ceci peut être à court ou à long terme, selon la situation. C'est normalement limité à faire ce que la personne ne peut pas faire toute seule, avec un petit extra de temps en temps.

« Prendre en charge », par contre, va au-delà de « prendre soin de ». C'est de faire tout pour la personne, même quand elle en est capable. Ceci peut se faire par pitié, l'inhabileté d'accepter ou d'être présent à sa souffrance, l'incapacité de dire non, le besoin de rehausser son estime de soi, le besoin de maintenir quelqu'un en dépendance, d'honorer une tradition culturelle, d'écouter les voies du super ego, de quémander de l'amour, ou une autre raison « bonne et honorable ».

Quand nous « prenons soin » de quelqu'un, c'est aidant et nécessaire, une action d'amour sans égoïsme.

« Prendre en charge » est plutôt un acte d'amour égoïste qui en fait enlève le pouvoir à l'autre qui n'apprend jamais à être autonome à prendre sa responsabilité.

En tant que praticien, il est important d'avoir une intention claire d'être présent pour le plus grand bien du client et aussi d'être conscient que des dynamiques personnelles peuvent entrer en jeu. J'en parle davantage dans une section ultérieure.

Relations saines et coupures énergétiques nettes

Vous allez parfois choisir de ne pas demander d'échange pour un ou plusieurs traitements. Continuer ainsi peut être nuisible à vous et à vos clients.

Pour le praticien

Si vous donnez à une autre personne de façon continuelle sans échange, il est possible que vous développiez un ressentiment (peut-être inconscient) parce ce qu'on profite de vous. Quand ceci se produit et que ce n'est pas nommé ou conscientisé, ce ressentiment se manifeste sous une forme ou une autre. Vous serez moins capable d'être présent, ou vous serez impatient ou sec dans vos interactions, ou vous vous sentirez obligé. Vous n'aurez pas autant de plaisir à rencontrer cette personne et ceci réduira l'efficacité du traitement de Reiki.

Quand la personne repartira, il se peut que, inconsciemment, vous lui « accrochiez » un serpentin énergétique; elle le ressentira.

Pour le receveur/client

Certaines personnes pensent que la vie leur doit tout et voudront recevoir sans payer, n'ayant pas appris à prendre de responsabilités. D'autres partagent la croyance qu'une personne avec un don est en devoir de le partager gratuitement.

Le receveur peut sentir une dette envers le donneur et ne pas savoir comment la gérer. Ceci amènera une résistance de laisser l'énergie faire son travail de guérison et réduira le potentiel du traitement.

L'échange équitable élimine ces possibilités. Le donneur et le receveur ont tous deux contribué et ont reçu; il y a une coupure énergétique nette. Ceci permet à la relation de rester saine. Le praticien n'a aucune retenue et aucun ressentiment envers le client. Ce dernier part sans dette, sans se sentir responsable envers le praticien et sans avoir à prendre soin de sa relation avec le thérapeute.

Reconnaître la valeur

En tant que praticien, vous avez investi du temps et des ressources dans votre formation, votre espace de traitement et votre équipement. De plus, vous passez du temps à vous préparer et à partager votre don en Reiki, votre présence et vos habiletés pour accompagner des personnes sur leur chemin. L'échange reconnaît votre valeur.

Si, en tant que client, vous avez contribué d'une certaine façon au traitement, cela veut dire que vous lui donnez une valeur, que vous prenez une part active dans votre chemin de guérison. Il est probable que vous allez recevoir encore plus de bénéfices du traitement et que vous allez pouvoir mieux les apprécier et vous assurer qu'ils durent.

Quoi échanger

Il existe plusieurs possibilités. Vous pouvez échanger tout ce qui est approprié aux circonstances et équitable pour les deux parties. L'argent sert d'échange universel. Un montant juste serait possiblement un montant équivalant à ce qui est demandé pour un traitement holistique ou un massage. Souvent, les gens vont échanger des traitements ou faire un échange de services ou de biens d'une valeur comparable.

Pour un enfant, ce peut être un dessin, une petite tâche ou quelque chose de semblable. Quand j'ai commencé à pratiquer le Reiki, je donnais des traitements à mon garçon de sept ans au moment de le mettre au lit et il tombait vite endormi. Notre échange était un câlin. Ceci conscientisait l'échange pour lui et j'ai pu ainsi témoigner de l'impact de cet échange sur notre relation au fil du temps.

Les membres d'une famille et les partenaires de vie échangent constamment entre eux, la plupart du temps de façon équitable. Dans ce cas, il suffit de simplement conscientiser le fait que le traitement fait partie de ces échanges.

Si vous avez besoin de quelqu'un pour pratiquer à donner des traitements, l'échange peut être le temps que ces personnes vous allouent afin que vous puissiez pratiquer.

Quand l'échange n'est pas nécessaire

Parfois, l'échange n'est pas nécessaire, ni approprié.

Si un enfant se blesse et que vous imposez les mains, un simple sourire ou un merci sera suffisant.

Si vous arrivez sur la scène d'un accident et que vous aidez spontanément en donnant du Reiki, vous n'allez pas demander d'échange. Quand j'entends la sirène d'une ambulance, une voiture de police ou un camion de pompiers, j'envoie du Reiki à distance sans penser à l'échange.

Si un client n'est pas en mesure de vous payer pour un traitement, une possibilité existe : lui demander de faire du bénévolat pour un temps équivalent. Cette suggestion a été bien reçue des clients à qui je l'ai proposée. Même si vous ne recevez pas en donnant, la personne s'investit dans son processus de cette manière. La vie vous rendra la pareille et vous allez être nourris par le fait que vous avez donné.

J'aide à l'occasion des gens sans échange s'ils sont en difficulté ou en crise. À d'autres moments, je vais ajuster mon prix; cela me convient en autant que je le limite à un pourcentage de ma clientèle.

Peut-être allez-vous décider de faire du bénévolat dans votre communauté en donnant des traitements de Reiki et dans ce cas, il n'y aura pas d'échange.

Certaines personnes (Mère Teresa, Jean de Dieu et autres) ont pour mission de dédier leur vie à aider les autres et reçoivent très peu en échange matériel.

À mesure que vous intégrerez ce principe, vous pourrez mieux discerner les moments où l'échange est approprié ou non, et quoi demander en retour.

Dennis, praticien de Reiki, partage cette expérience où il a choisi de ne pas demander d'échange :

« *Je participais à un séminaire de quatre jours en Coaching Conscient en Caroline du Nord. Une des participantes se plaignait d'un mal de dos. Je n'ai rien fait jusqu'à la dernière journée lorsque, avec sa permission, j'ai placé mes mains sur sa région lombaire. Presqu'immédiatement, elle a ressenti la chaleur et a dit que la douleur avait disparu. Cette douleur n'est pas réapparue pendant plusieurs jours. »*

Résistance à donner ou recevoir

Si vous éprouvez de la difficulté ou de la résistance à demander pour un échange en tant que praticien et/ou de recevoir en tant que client, vous avez peut-être à examiner vos croyances autour de cette dynamique personnelle et voir comment l'échange est présent ou non dans votre vie en général. Devenir curieux et le regarder en profondeur avec votre thérapeute vous sera très bénéfique.

Les bénéfices et autres aspects du Reiki

Le Reiki agit sur un ou tous les niveaux : physique, psychique, émotionnel et spirituel

Le Reiki agit sur le niveau que la personne est prête à guérir au moment de recevoir. Il peut agir sur tous les niveaux ou un des niveaux. La personne peut guérir, ou non. Barbara Brennan (1993), Gary Craig (2012, 2010, 2008) et autres disent que les maux physiques ont une racine émotionnelle. Relâcher sur le niveau émotionnel peut amener une guérison aux niveaux physique, psychique ou spirituel.

Quand il n'y a pas de guérison au niveau physique, le Reiki peut aider à ce que la transition de fin de vie se fasse plus en douceur.

Le Reiki est une méthode holistique simple et plaisante

Quoi de plus simple que d'être là et d'imposer les mains sur quelqu'un. Tout ce que nous avons à faire pour appliquer le Reiki est d'avoir une intention claire d'être présent et rester disponible afin que l'énergie du Reiki passe à travers nos mains directement sur le corps ou tout près de la peau sans toucher. Rien d'autre n'est nécessaire. L'énergie passe et fait son travail. Difficile à croire, n'est-ce pas ? Souvent, le client devient détendu et s'endort, puis se réveille reposé avec une sensation de bien-être.

Le Reiki s'adapte au besoin du receveur

Donner un traitement de Reiki est une offrande d'un gabarit pour la guérison. C'est la personne qui fait le reste. L'énergie transmise sur une partie du corps fait son chemin au besoin à travers les méridiens, canaux qui distribuent l'énergie par tout le corps.

Le Reiki peut énergiser le corps et l'esprit

Une personne se sentira généralement plus énergisée après avoir reçu un traitement de Reiki. Ses interactions avec les autres personnes seront plus harmonieuses bien que dans certains cas, elles puissent être plus intense au début avant de s'équilibrer à mesure que la guérison s'installe.

Le praticien en bénéficie aussi en canalisant l'énergie. Je me sens souvent mieux après ma journée de travail qu'au début.

Le Reiki régule le système énergétique

Le champ énergétique humain (l'aura) est composé de centres énergétiques (chakras, un mot Sanskrit qui signifie roue) et de corps énergétiques. Quand la maladie ou le mal-être s'installe, les méridiens ou les centres énergétiques deviennent encrassés et l'énergie passe peu ou pas du tout. L'énergie du Reiki circule à travers le corps et peut dégager les chakras et les méridiens, ce qui permet à l'énergie de circuler plus librement. Dans ce sens, le Reiki régule le système énergétique.

Le Reiki peut dissoudre les blocages et contribuer à la détente totale

Les blocages sont les endroits où l'énergie ne passe plus. C'est souvent ressenti comme une tension ou un inconfort dans le corps - une boule dans la gorge, une tension musculaire, une nausée dans le ventre. À mesure que le Reiki circule, il dissout ces blocages et permet à l'énergie de circuler librement, ce qui amène une détente profonde.

Le Reiki encourage l'élimination des toxines

À mesure que les tensions et l'énergie stagnante se dissolvent, les toxines retenues sont relâchées et éliminées par le corps à travers la respiration, la sueur, l'urine et les selles. Pour faciliter l'élimination des toxines à la suite d'un traitement, il est conseillé de boire de l'eau durant les jours qui suivent.

Le Reiki peut rétablir la santé physique et spirituelle

Ceci peut se faire au fil de plusieurs traitements à mesure que le champ énergétique devient plus équilibré et que la personne intègre la guérison à tous les niveaux.

Le Reiki renforce et accélère le processus naturel de guérison

Le Reiki est complémentaire et soutient toute autre approche de soin ou thérapie et peut donner les résultats suivants :

- Réduire la douleur et l'inflammation;
- Accélérer la guérison des blessures, fractures ou chirurgies;
- Accélérer la coagulation du sang;
- Réduire la douleur, l'inflammation et possiblement le besoin de médication et d'antidouleurs;
- Réduire les effets secondaires de la chimiothérapie et de la radiothérapie. La radiothérapie brûle la peau et les tissus sous-jacents. L'application du Reiki réduit la douleur et la peau se régénère plus vite. Les effets secondaires de la chimio tels que la nausée, la digestion et la fatigue sont moins prononcés ou même éliminés.

Guérison complète

Comme dans le cas de Hawayo Takata, le Reiki peut parfois amener une guérison complète sans intervention médicale. Par contre, une guérison complète ne peut jamais être assurée par le Reiki. Le praticien ne contrôle pas le processus de guérison du client et ne doit jamais faire de promesses ou de suggestions d'une guérison complète. Le praticien de Reiki ne fait aucun diagnostic et doit toujours recommander qu'un client consulte un professionnel de la santé pour toute condition médicale.

Facilitation d'une mort paisible

Le Reiki peut contribuer à ce que la transition de la mort soit plus douce et paisible par l'effet combiné de la présence, la relaxation, la réduction de douleurs, la libération émotionnelle ou la croissance spirituelle.

Un client qui souffrait d'un cancer avec qui j'ai travaillé pendant quelques semaines est décédé juste comme j'arrivais pour un autre traitement. Le travail que nous avons fait auparavant l'avait préparé pour sa fin de vie : son épouse avait témoigné de l'effet des traitements antérieurs. Il avait apprécié ma présence et je suis resté sous l'impression qu'il avait attendu mon arrivée avant de partir afin que son épouse ne soit pas seule au moment de sa transition. Je suis resté sur place jusqu'à ce qu'un membre de la famille puisse arriver pour être avec elle.

Utilisation du Reiki

L'utilisation du Reiki est limitée seulement par votre imagination. Essayez-le sur tout. « Faites-en ! Faites du Reiki, Reiki, Reiki et vous saurez ! » était une phrase constamment répétée par Mme Takata. (Haberly, 1990, p. 49)

Voici quelques utilisations pour le Reiki.

Se traiter

Quel cadeau de pouvoir utiliser le Reiki pour se soigner. Lorsqu'il est utilisé de façon constante, aussi souvent que possible, il peut garder votre champ énergétique équilibré et améliorer votre état physique et émotionnel ainsi que votre relation à vous-même et aux autres. À long terme, le Reiki contribue à votre bien-être et une meilleure expérience de vie.

Lorsqu'appliqué sur une blessure, le Reiki aide à réduire la douleur et l'inflammation et accélère la coagulation du sang. Lors d'un trek récent, j'ai développé des ampoules douloureuses aux pieds. J'ai utilisé le Reiki le soir et durant la nuit; le lendemain matin, j'ai pu continuer à marcher sans douleur aiguë même si j'ai perdu mes trois ongles d'orteils par la suite.

Vous pouvez l'utiliser lorsque vous êtes stressé en imposant les mains sur la partie du corps qui vous y invite. Utilisé juste avant une rencontre importante, le Reiki vous apporte du calme. Il est aussi bénéfique lorsque vous éprouvez une émotion forte telle que la colère ou l'anxiété.

Vous pouvez l'utiliser pour vous aider à vous endormir ou simplement pour vous détendre. Mettez les mains sur un endroit ou sur tous les centres énergétiques principaux (voir le chapitre sur les positions et l'annexe A) ou sur tous les centres énergétiques et les articulations. Laissez votre intuition vous guider.

Durant la grossesse

Le Reiki est très approprié lors d'une grossesse pour connecter profondément avec le fœtus en croissance. Il a un effet calmant sur la mère et le fœtus. Le Reiki peut être appliqué par soi-même ou une autre personne.

Alison, une praticienne de Montréal partage :

« J'ai donné beaucoup de Reiki à mon bébé en utérus. C'était une façon de me connecter à elle et de me détendre. Je suis certaine que cela m'a fait du bien et qu'elle l'a ressenti. »

Traiter votre enfant intérieur

En grandissant, nous apprenons sur le monde qui nous entoure et comment interagir avec lui. Nous vivons beaucoup d'expériences positives qui nous guident et nous aident à évoluer en adultes responsables. Nous vivons aussi des traumatismes à partir desquels nous créons des généralités et croyances limitatives sur le monde en général. Une partie de notre psyché devient figée dans le temps. Notre expérience de vie continue d'être gérée par ces évènements lorsque des personnes ou des circonstances nous les rappellent.

Cette place en nous est souvent nommée *l'enfant intérieur*. L'enfant intérieur fut arrêté dans son exubérance et son émerveillement du monde et ne peut (n'ose pas) vivre à partir de sa spontanéité et de sa joie. Les élans de l'enfant intérieur sont ignorés par l'adulte blessé. L'enfant intérieur a besoin d'attention et d'amour pour dépasser ces places dans lesquelles il est pris.

Vous pouvez donner du Reiki à votre enfant intérieur pour l'aider à devenir entier et se permettre de vivre la joie et le plaisir dans tous les aspects de sa vie.

Traiter des évènements traumatisants de votre vie

De la même manière que vous pouvez traiter votre enfant intérieur, vous pouvez envoyer du Reiki aux évènements du passé pour que l'énergie agisse sur le soi passé et les circonstances pour libérer des émotions emprisonnées à la suite de l'évènement.

Voici l'expérience de Catherine, praticienne de Reiki, qui a traité un passage difficile de sa vie :

« Un jour, j'utilisais le Reiki pour un trauma relié à l'abandon que j'ai vécu à l'âge bébé. J'ai des frères et sœurs qui ont aussi vécu cet abandon. Alors que je faisais le traitement et que je visualisais le passé et moi bébé, enveloppée d'énergie guérissante, les âmes de mes frères, mes sœurs et mes parents sont apparues. Je pouvais ressentir leur trauma même s'ils n'en n'avaient jamais parlé. Durant le traitement, l'énergie universelle nous a entourés et j'ai soudainement réalisé que ma famille entière avait souffert alors que je me concentrais uniquement sur ma souffrance. »

Peurs et phobies

Vous pouvez traiter les peurs et les phobies de la même manière que vous traitez les situations. Imaginez vos peurs et phobies entre vos mains et laissez passer le Reiki aussi longtemps et aussi souvent que vous le ressentez. Si vous avez déjà fait le niveau 2, invoquez les symboles.

Traiter les autres - amis, famille et clients

L'efficacité et l'impact des traitements que vous ferez vous surprendront, même juste après avoir suivi la formation. Presque tous les étudiants à qui j'ai enseigné sont émerveillés de leur expérience durant la formation. Beaucoup d'entre eux se détendent au point de s'endormir la première fois qu'ils reçoivent un traitement. La plupart sont surpris de voir tout ce qu'ils ressentent en donnant, et aussi du témoignage de leurs clients de pratique. Il arrive souvent qu'un débutant sente l'énergie comme une chaleur ou un picotement à son premier traitement.

Plusieurs praticiens de Reiki s'offrent comme bénévoles dans des centres de santé ou hospitaliers dans lesquels un programme de Reiki existe.

À mesure que vous gagnerez de l'expérience, vous choisirez peut-être de vous enregistrer en tant que praticien avec une association de Reiki et de voir des clients de façon professionnelle. Si vous décidez de le faire, je recommande un cours d'éthique professionnelle complémentaire, car la formation de Reiki n'enseigne pas directement l'éthique. Cette formation vous aidera à voir les enjeux qui peuvent se présenter en accompagnant les gens dans leur processus personnel. Vous allez être mieux préparé à rencontrer et aider la clientèle que vous aurez.

Le Reiki en tant qu'approche complémentaire

La combinaison du Reiki avec la thérapie qui éveille la conscience est un duo fort puissant.

Le chapitre deux sur le champ énergétique explique que les centres énergétiques (chakras) sont une porte à travers laquelle nous entrons en relation avec notre environnement. Ces centres sont parfois en mode « protection », un résultat des expériences déplaisantes ou traumatisantes vécues dans le

38

passé. Lorsque ces centres sont rééquilibrés, l'expérience avec l'environnement devient plus plaisante et harmonieuse. Ceci met au défi les croyances limitatives qui ont amené les chakras à se mettre en mode « protection ». Les croyances limitatives se transforment à mesure que le champ énergétique devient plus stable et que ces expériences positives se répètent.

Le Reiki est un bon complément à la thérapie parce qu'il permet aux émotions retenues de se libérer avant une séance de thérapie ou à soutenir ce qui a été libéré après la séance. Le processus de guérison devient plus rapide.

Traiter en personne ou à distance

Le Reiki se transmet en personne en imposant les mains sur ou près du corps et il peut être envoyé à distance. La physique quantique démontre que nous sommes tous interreliés à travers le champ universel. Nous pouvons nous brancher à une personne n'importe où dans le monde simplement en établissant l'intention de le faire. Le temps et l'espace ne sont plus une limite lorsque nous travaillons avec l'énergie.

Autres êtres vivants – animaux, oiseaux, insectes, poissons, etc.

> *« Oopsie, la jument de Kimberly, a bénéficié du Reiki lorsqu'elle souffrait d'une colique, un mal d'intestin douloureux et très déplaisant. Elle se couchait souvent par terre, ne semblait pas bien du tout, ne mangeait pas, et son visage était visiblement en douleur. La promener afin qu'elle ne se couche pas par terre la rendait encore plus irritable. Lors du dernier épisode, le vétérinaire a dû lui donner des antidouleurs et des médicaments en introduisant un tube dans son estomac.*

Kimberly a choisi de la traiter avec le Reiki et Oopsie a tout de suite baissé la tête et fermé les yeux, à moitié endormie. Elle est devenue très calme et quand elle en a eu assez, elle s'est éloignée. Après quelques minutes, elle cherchait des bonbons et retourna à son pâturage, se sentant évidemment beaucoup mieux. Pas besoin d'appeler le vétérinaire. »

Les animaux adorent le Reiki. Ils ont un système énergétique similaire à celui d'un humain (voir l'annexe A) et sont souvent attirés par le Reiki. Ils partent quand ils en ont assez reçu.

Plusieurs des étudiants à qui j'ai enseigné ont partagé que leur chien ou leur chat venaient se coucher sous la table quand ils donnaient un traitement ou venaient s'asseoir sur eux quand ils se traitaient. Certains ont même vu un changement dans le comportement de l'animal aussitôt de retour à la maison après la première soirée de formation de Reiki.

Une autre étudiante était enchantée de décrocher un travail dans un centre équestre avec la tâche principale de traiter les chevaux avec le Reiki.

Quand notre tortue devenait agitée dans son aquarium, le fait d'entourer l'aquarium avec mes mains et de transmettre du Reiki la calmait.

Les plantes

La méthode de photographie Kirlian démontre et confirme que les plantes ont aussi un champ énergétique. Barbara Brennan (1993) en fait référence dans *Le pouvoir bénéfique des mains* (p. 79). Les plantes et les jardins répondent bien au Reiki. Bernard Grad (1965) de l'Université McGill de Montréal a fait des expérimentations sur des graines de semence dans les années '70 qui ont démontré une croissance accélérée à la suite de traitement par imposition des mains d'un énergéticien.

Plusieurs étudiants ont aussi partagé que leurs plantes avaient bien réagi au Reiki.

Nettoyer et recharger des cristaux

Les cristaux et les pierres précieuses sont souvent utilisés pour purifier un espace ou portés sur le corps en guise de protection et nettoyage. Ils accumulent l'énergie stagnante et le Reiki peut être utilisé pour les nettoyer et les recharger. Il suffit tout simplement de les tenir entre vos mains et leur donner du Reiki.

L'environnement à la maison et au travail

Vous pouvez influencer votre environnement à la maison ou au travail de façon positive avec le Reiki. Imaginez le bureau ou l'environnement entre vos mains et envoyez-lui du Reiki. Vous pouvez aussi rayonner le Reiki de la paume de vos mains vers les différents espaces. Si vous travaillez à un dossier ou un projet, tenez-le simplement entre vos mains et donnez-lui du Reiki. Le Reiki agira sur l'énergie collective de tous les intervenants afin de favoriser l'harmonie. Le résultat sera pour le plus grand bien de toutes les personnes concernées; il se peut que ce soit différent de ce vous vous imaginez.

À la Terre Mère

Envoyez du Reiki à la Terre Mère en l'imaginant entre vos mains et donnez-lui du Reiki.

Situations ou évènements mondiaux

Le Reiki peut être utilisé sur n'importe quelle situation que vous traitez. Ce pourrait être une difficulté relationnelle, un événement mondial ou toute autre situation qui n'est pas en harmonie et qui pourrait avoir besoin d'appui. Le Reiki agira sur les énergies collectives de toutes les personnes concernées pour le plus grand bien de tous. J'ai une pratique journalière d'envoyer du Reiki à ma famille, mes amis, mes clients et les situations mondiales en besoin.

Abondance

Servez-vous du Reiki pour apporter l'abondance dans votre vie, que ce soit l'amour, l'argent, le travail ou autre chose dont vous avez besoin.

Évènements passés ou futurs

Les limites du temps et de l'espace n'existent plus lorsque nous travaillons en énergie. Alors, on peut traiter les évènements passés ou futurs.

Dans mon travail comme directeur de projets, j'envoyais du Reiki à l'avance aux réunions, surtout quand j'avais des situations difficiles. J'ai remarqué que les réunions se déroulaient plus facilement que je ne l'aurais imaginé. Les participants semblaient mieux alignés avec le but commun et il y avait moins de confrontations durant les discussions.

Avant de me présenter pour une thérapie, un massage ou autre activité de soin personnel, j'envoie du Reiki à mon Soi Supérieur et à celui du praticien ou du thérapeute afin qu'il soit guidé durant la séance.

Autres usages créatifs – auto, ordinateur, etc.

Une étudiante racontait que le témoin « Check Engine » de sa voiture s'était éteint après lui avoir envoyé du Reiki, à la grande surprise de son garagiste. Si ceci semble irréaliste, rappelez-vous que toute matière est faite de l'énergie et a une conscience, et que la conscience répond à l'énergie. Aimer votre auto de cette façon la rendra plus performante et elle durera plus longtemps !

Essayez-le sur tout

Soyez créatifs et essayez-le sur n'importe quoi. Laissez-vous surprendre par les résultats.

<u>Précautions</u>

Diabétiques

Les personnes diabétiques qui surveillent leur taux de sucre sur une base régulière doivent savoir que le Reiki fera fort probablement baisser le taux de sucre lors d'un traitement. Veuillez les aviser de le vérifier après le traitement pour le contrôler, au besoin.

Haute tension artérielle

Les personnes qui souffrent de haute tension artérielle devraient aussi être avisées que le Reiki fera fort probablement baisser la tension lors d'un traitement. Elles doivent continuer de consulter un médecin pour ajuster les médicaments, au besoin.

<u>Limites du Reiki</u>

Bien que les résultats puissent être impressionnants à la suite de l'utilisation du Reiki, le Reiki n'est pas une cure générale.

Le Reiki agit sur plusieurs niveaux et on peut obtenir des résultats surprenants. C'est un outil complémentaire qui soutient les autres approches. Un praticien de Reiki ne fait aucun diagnostic médical. Il faut toujours consulter un professionnel de la santé pour toute question de santé.

Les clients sont encouragés à garder les professionnels de la santé informés sur leurs progrès afin d'ajuster les médicaments, si nécessaire.

Résumé du chapitre 1

Le Reiki, qui tire ses origines du Tibet et qui a été redécouvert par le moine Japonais Mikao Usui, est une méthode simple, accessible et efficace de guérison par imposition des mains. Le Reiki agit comme puissant catalyseur pour la transformation personnelle et permet de mieux se connecter à sa mission de vie.

Cinq principes fondamentaux encadrent le Reiki :

- Juste aujourd'hui, je ne me ferai pas de souci;

- Juste aujourd'hui, je ne mettrai pas en colère;

- Juste aujourd'hui, j'honorerai mes aïeux, mes enseignants et tout être vivant;

- Juste aujourd'hui, je gagnerai ma vie de façon honnête;

- Juste aujourd'hui, j'aurai une attitude de gratitude.

Le principe additionnel de l'échange assure la participation active du receveur à son cheminement de guérison ainsi que l'équité entre le donneur et le receveur.

L'énergie du Reiki est canalisée par le praticien et offre un gabarit de guérison au receveur qui le laisse entrer et l'intègre à son propre rythme. La guérison peut se faire autant au niveau physique qu'au niveau émotionnel, mental, psychique ou spirituel. Le Reiki procure de nombreux bienfaits : d'une simple détente à une guérison accélérée ou la facilitation du passage au moment la mort.

Le Reiki peut être utilisé sur soi-même, les autres, les animaux, les plantes, la nourriture, les objets et les situations. Il peut être transmis à distance et peut agir dans le présent, le passé et le futur.

Il faut se rappeler que le Reiki est complémentaire aux méthodes traditionnelles et qu'il n'est pas une cure ni une garantie de guérison. Le praticien ne fait aucun diagnostic médical ni ne prescrit des médicaments. Ceci demeure le domaine des professionnels de la santé.

CHAPITRE 2

LE CHAMP ÉNERGÉTIQUE

Le Reiki agit en passant par le champ énergétique (l'aura) sur les niveaux physique, émotionnel, mental, psychologique ou spirituel de la personne traitée. Ce chapitre donne un survol du champ énergétique, décrit ce que sont les blocages et démontre comment le champ peut être perçu avec les mains ou les yeux.

Le champ énergétique et les chakras

Le champ

Le champ universel est composé d'énergie qui est présente dans tout l'univers et connecte le tout. On la nomme souvent l'énergie vitale, le Chi, le Ki ou le Prana. Cette énergie a une conscience et nourrit toute matière et vie. Barbara Brennan (1995) présente une liste globale de références sur le champ énergétique dans *Guérir par la lumière.*

Elle définit aussi le champ énergétique humain (l'aura) comme la partie du champ universel directement relié à la vie humaine, incluant le corps (Brennan, 1993, p. 83). Ce champ humain est composé de chakras (centres énergétiques) et niveaux (souvent nommés corps éthériques ou énergétiques). Ce champ est un gabarit pour le corps physique et un véhicule pour toute réaction psychosomatique. L'aura définit notre personnalité et la façon dont nous agissons en relation avec les autres personnes.

Les chakras

Le mot chakra vient du Sanskrit et signifie « roue ». Un chakra agit en tant qu'entonnoir qui puise l'énergie du champ universel et le métabolise pour le corps. L'énergie est distribuée à travers le corps et nourrit les glandes endocrines, les organes et le corps. Chacun des chakras gouverne aussi une fonction psychodynamique et est un récepteur d'information. Comme exemple, le cinquième chakra nourrit l'appareillage vocal, respiratoire et l'œsophage. Il gouverne aussi notre capacité de recevoir, de nommer nos besoins et de nous exprimer aux autres et en société. Il est le récepteur du son, du goût et de l'odorat.

Il existe sept chakras principaux et beaucoup d'autres chakras secondaires. Les chakras majeurs sont près des glandes endocrines. Il y a un chakra à la couronne, un autre au périnée et cinq autres au troisième œil, à la gorge, au cœur, au plexus solaire et au bassin (sacré). Chacun de ces cinq derniers chakras a un aspect avant et arrière. En général, les chakras de la tête gouvernent la raison, les aspects avant de la gorge, du cœur, du plexus et du sacré gouvernent les émotions et leurs aspects arrière incluant le chakra de la base gouvernent la volonté et notre capacité de manifester.

Un chakra en santé puise l'énergie du champ universel pour nourrir le corps et influence notre relation avec notre environnement.

Un chakra dysfonctionnel est faible et prend peu d'énergie ou il est surutilisé ou abusé et perd de l'énergie ou la repousse. L'énergie métabolisée par un chakra dysfonctionnel est en distorsion et ne nourrit pas bien le corps et l'esprit.

John Pierrakos affirme que lorsqu'un chakra est ouvert, l'expérience de vie qu'il gouverne est positive et nourrissante. S'il est fermé ou dysfonctionnel, l'expérience est plutôt difficile.

« Pour métaboliser convenablement les énergies provenant du champ universel, les chakras doivent être 'ouverts' et tourner dans le sens des aiguilles d'une montre... Autrement dit, quand un chakra tourne à contresens, les énergies qui nous sont nécessaires, et que nous ressentons comme une réalité physiologique, ne s'écoulent pas dans le chakra. Nous disons qu'il est 'fermé' aux énergies entrantes. » (Brennan, 1993, p. 127)

Par exemple, si le chakra de la gorge est ouvert, il est facile de nommer ses besoins et de s'exprimer librement. Donc, l'expérience en communication sera positive et nourrissante. Par contre, s'il est fermé ou dysfonctionnel, l'expression est retenue et la personne se sent incomprise. Ceci crée de la frustration et un sentiment d'isolement.

Les livres *The Sevenfold Journey* (Judith, 1993) et *Eastern Mind, Western Body* (Judith, 2004) décrivent de façon détaillée ce qui est associé à chacun des chakras et comment il peut être en santé, surutilisé ou faible. Anodea Judith présente des façons de ramener ces chakras en santé. Elle démontre que chacun des chakras est bidirectionnel et manifeste du spirituel au matériel et vice versa.

Les corps énergétiques ou éthériques (l'aura)

Selon Barbara Brennan (1993), le champ énergétique humain a sept niveaux qui vibrent à une fréquence unique. Chaque niveau est un corps complet qui émane à partir du centre et repose juste au-dessus du corps physique et des autres niveaux à un niveau vibratoire toujours plus haut (ils ne sont pas en couche, l'un par-dessus l'autre). Certains de ces corps sont composés de lignes de lumière qui sont le gabarit du corps physique sur lequel les cellules s'alignent pour croître.

L'aura rayonne normalement jusqu'à environ un mètre au-delà du corps, selon l'état physique ou émotionnel de la personne. Dans les pays plus peuplés où l'espace est plus restreint, l'aura est souvent plus petite.

Les trois premiers niveaux sont en relation avec les aspects de la personnalité (sensations physiques, émotions et pensée rationnelle). Le quatrième niveau concerne les relations et fait aussi le pont entre les aspects de la personnalité et le spirituel. Les niveaux cinq, six et sept sont en relation avec les aspects spirituels (volonté divine, amour divin et savoir divin).

De la même façon qu'un champ magnétique influence ce qui l'entoure, le champ énergétique humain affecte aussi son environnement.

L'ouvrage *The Subtle Body* (Dale, 2009) présente les différentes théories sur le champ énergétique et les chakras.

Blocages dans le champ énergétique

L'énergie puisée par les chakras du champ universel est métabolisée pour le corps. L'énergie est distribuée à travers le corps en passant par des points énergétiques appelés nadis et les canaux énergétiques nommés méridiens. Si vous avez déjà consulté un acupuncteur, vous êtes probablement familiers avec les méridiens.

Idéalement, les chakras puisent toujours librement l'énergie et la distribuent sans distorsion à toutes les parties du corps. Par contre, si on est stressé ou blessé, les chakras ou les méridiens peuvent devenir engorgés ou endommagés et l'énergie peut s'accumuler ou stagner. Lorsqu'il y a une tension musculaire, il y a un blocage qui est normalement associé à une émotion retenue. Ce blocage peut être temporaire et relâché une fois la situation stressante passée, mais souvent, le stress reste pour différentes raisons; il devient chronique et ces endroits restent bloqués. Les parties du corps qui ont besoin d'énergie n'y ont pas accès ou bien en accumulent trop. Ceci peut éventuellement se développer en une maladie.

Le Reiki agit sur le champ énergétique et aide à relâcher l'énergie stagnante ou bloquée. Puisque toute maladie et tout malaise sont reflétés dans le champ énergétique, on peut influencer la guérison en passant par ce dernier. Une fois l'énergie nettoyée et réalignée, ceci se transmet au niveau physique et engendre la guérison sur tous les niveaux.

Quand une personne reçoit du Reiki, il arrive souvent qu'elle se détende. Parfois, le corps relâche le stress en spasmes et il se peut que les émotions se fassent ressentir et se relâchent.

Percevoir le champ énergétique

Vous pouvez ressentir le champ de façon kinesthésique ou le voir en faisant ces deux exercices.

Ressentir

Vous pouvez ressentir le champ énergétique en mettant vos mains face à face et ensuite amener votre conscience dans la paume de vos mains. Juste au moment où vous commencez à les rapprocher, vous ressentirez probablement quelque chose dans vos mains - une pression, un picotement, une résistance, une chaleur ou une forme. Si vous ne ressentez rien, persistez en continuant de garder votre conscience dans vos paumes.

Voir

Si vous placez vos mains en écartant les doigts contre une surface blanche ou foncée et regardez avec un regard flou, vous verrez probablement un contour bleu ou gris qui pulse autour de vos doigts. Ce contour, ou même des couleurs, peuvent se voir lorsqu'une personne est assise contre un arrière-plan similaire. Je le vois parfois en écoutant un conférencier. En hiver, il est facile pour moi de percevoir le champ énergétique des arbres ou arbustes contre le fond blanc de la neige.

Résumé du chapitre 2

L'énergie du Reiki est transmise en passant par le champ énergétique. Elle entre par le chakra de la couronne du praticien, passe par le cœur et est transmise par les paumes de la main. Elle est introduite dans le champ énergétique du client en passant par les articulations majeures et les centres énergétiques nommés « chakras ». Ces endroits sont ceux qui laissent le plus facilement entrer l'énergie.

On peut par contre mettre les mains sur toute partie du corps qui en a besoin : directement sur une blessure, une douleur ou un endroit malade.

Le champ énergétique, souvent nommé l'aura, est composé des chakras et des corps éthériques qui sont le gabarit sur lequel croissent les cellules du corps physique. La maladie ou le mal-être sont présents dans le champ énergétique sous forme de blocages, de distorsions et d'énergie stagnante. On peut donc traiter en passant par celui-ci. Un traitement de Reiki aide à rétablir l'harmonie du champ énergétique, ce qui donne la possibilité d'un retour à l'équilibre à tous les niveaux — physique, émotionnel, mental, psychique et spirituel.

Il est possible de développer l'habileté de percevoir le champ énergétique.

CHAPITRE 3

APPRENDRE LE REIKI

À ce point, vous êtes peut-être curieux par rapport à l'apprentissage du Reiki. Cette section présente les différents niveaux d'apprentissage et le contenu des formations.

Comment le Reiki diffère des autres méthodes d'imposition des mains

Il y a plusieurs aspects du Reiki qui le différencie des autres approches telles que le Healing Touch, le Quantum Touch, le Toucher Thérapeutique, la Reconnexion, l'Équilibrage EMF, la Science de Barbara Brennan et autres.

Une des différences est sa simplicité. Dans le Reiki, le praticien est simplement présent en tant que canal pour rendre l'énergie disponible au client. Une fois les positions de base apprises, le praticien impose les mains sur les différents centres et articulations majeures et le Reiki fait son travail. Aucune autre technique n'est enseignée. L'énergie n'est pas dirigée; le praticien est en mode « laisser faire »; seulement l'énergie dont le client a besoin est transmise.

Une autre différence majeure est l'initiation qui est un rituel transmis à l'étudiant par le Maître Reiki. Cette initiation permet au champ énergétique d'ouvrir et augmente la capacité de canaliser l'énergie. Cette transmission énergétique est aussi un catalyseur puissant de la croissance personnelle et la transformation.

Une troisième différence est l'utilisation des différents symboles qui approfondissent la connexion entre le praticien et le client et qui amplifient la quantité et/ou l'intensité de l'énergie transmise et l'effet résultant.

Le cours de Reiki donne un cadre au praticien pour pouvoir créer un contenant sécuritaire de guérison pour le client, un aspect qui est souvent négligé dans certaines approches qui se concentrent seulement sur les techniques.

Apprendre la méthode

La plupart des étudiants du premier niveau n'ont jamais fait l'expérience du Reiki ou d'un travail énergétique. Ils arrivent curieux, souvent à la suite d'une recommandation de leurs amis. D'autres ont reçu des traitements de Reiki et veulent apprendre comment se traiter ou traiter les autres. Ou encore, ils ont découvert qu'ils ont un don de guérison et veulent en savoir plus sur sa signification et comment s'en servir. Plusieurs sont gênés d'en parler avec leur entourage par peur d'être mal compris, jugés ou même ridiculisés.

Tous les participants découvrent une méthode d'autoguérison simple et merveilleuse. Ils sont contents de pouvoir partager leur expérience avec des gens de même mentalité avec qui ils peuvent continuer d'échanger. Plusieurs sont touchés par l'énergie d'amour qu'ils ressentent durant la formation et comment ce peut être simple d'être présent avec une autre personne de manière aimante, guérissante et sans effort.

Si l'apprentissage du Reiki vous attire, vous devez décider avec qui vous allez suivre la formation. L'annexe B énumère des questions à poser qui vous aideront dans votre recherche pour trouver un Maître Reiki avec lequel vous vous sentirez à l'aise. Ce serait une bonne idée de rencontrer cette personne ou même de recevoir un traitement pour achever de prendre votre décision.

Les systèmes traditionnels de Reiki

Tel que mentionné plus tôt dans l'histoire du Reiki, Mme Takata a condensé ce qu'elle avait appris au Japon en trois niveaux, de novice à Maître/Enseignant. Une personne ayant suivi ces trois niveaux pouvait alors transmettre les enseignements à tous les niveaux.

Le Dr Arthur Robertson, initié par Iris Ishikuro (une amie et étudiante de Mme Takata) a pris l'initiative de séparer le troisième niveau en deux parties afin de donner plus de temps à l'étudiant du niveau maître d'intégrer les enseignements. Il a aussi ajouté un symbole (le souffle du dragon de feu), des positions des mains (les kanji) ainsi qu'un rituel d'initiation. Il a appelé son système le Reiki Raku-Kei. Les étudiants initiés à ce système doivent alors prendre quatre niveaux pour devenir Maître/Enseignant, soit les niveaux un, deux, trois et Maître/Enseignant. Auparavant, les initiés du troisième niveau pouvaient initier aux premier et deuxième niveaux. Récemment, ceci a cessé (dans ma lignée du moins), afin que les étudiants des niveaux un et deux puissent bénéficier de tout ce qui a été intégré dans les quatre niveaux par le Maître/Enseignant. Je suis entièrement d'accord avec cette approche.

Bien que cela puisse sembler contradictoire, pour autant que je sache, ces deux systèmes sont reconnus en tant que systèmes traditionnels du Reiki Usui. Les deux premiers niveaux enseignent la même chose.

Extensions et expansions du Reiki

Il existe maintenant de nombreuses variations évoluées de ces systèmes traditionnels. Certains Maîtres Reiki qui ont reçu de la nouvelle information ou des nouveaux symboles, ou qui ont changé ou ajouté à ces systèmes, ont donné un nouveau nom à leur méthode. J'en connais quelques-uns : le Reiki Plus, le Reiki Lightarian et le Reiki Karuna. *Le Reiki Aujourd'hui : De l'origine aux pratiques actuelles* (Mary, 2005), présente une liste exhaustive et une description sommaire de ces nombreux systèmes modifiés.

57

Se préparer pour une initiation au Reiki

Si vous utilisez des médicaments psychotropiques (antidépression), veuillez en discuter avec votre Maître Reiki afin de déterminer si cette formation vous convient en ce moment.

Les suggestions suivantes vous aideront à mieux vous préparer pour la formation de Reiki et amélioreront l'absorption et l'intégration des énergies reçues.

Trois jours avant la formation :

- Réduire ou éliminer les stimulants tels que le sucre, la caféine, l'alcool et les drogues;

- Manger des repas légers et réduire ou éliminer la viande qui requiert beaucoup d'énergie pour la digérer;

- Se reposer et prendre le temps de réfléchir sur la vie et voir ce qui demande d'être transformé ou réorienté;

- Garder l'énergie sexuelle en ne faisant pas l'amour;

- Planifier des soirées tranquilles durant la formation.

Quelques jours suivant la formation :

- Continuer de profiter de tranquillité et de repos;

- Minimiser les films violents et les reportages des médias;

- Remettre les décisions importantes à plus tard, pendant que vous êtes dans un espace d'expansion énergétique;

- Faire l'amour;

- Faire des lectures stimulantes;
- Éviter les relations troublantes;
- Réduire les séances d'exercices physiques intenses;
- Se donner du Reiki à tous les jours.

Les enseignements

Comme chaque niveau d'initiation est un catalyseur puissant pour la croissance personnelle, j'accorde beaucoup de temps aux étudiants pour réfléchir au pourquoi de leur présence et à ce qu'ils veulent transformer dans leur vie. Chaque initiation est une occasion pour méditer, recevoir des indications et de la clarté.

J'invite toujours la présence de Usui, Hayashi, Takata, des Maîtres ascensionnés, des guides, des anges et des ancêtres. Avec le soutien de leur présence et le Soi Supérieur des participants, nous créons un contenant sacré, sécuritaire et aimant pour le partage, la croissance et les prises de conscience.

À chaque niveau, il y a du temps pour pratiquer ce qui est enseigné, pour partager et aussi, répondre aux questions qui surviennent.

Je suggère de deux à trois mois de décalage entre les niveaux 1 et 2, de trois à six mois entre les niveaux 2 et 3, et de six à huit mois entre le niveau 3 et le niveau Maître/Enseignant. En tout, le processus prend d'un an et demi à deux ans selon le rythme de l'étudiant pour apprendre, intégrer et pratiquer l'art.

Il n'est pas nécessaire de prendre tous les niveaux avec le même Maître Reiki. La plupart des Maîtres Reiki acceptent les étudiants ayant suivi la formation avec d'autres. Ce peut être un avantage d'apprendre selon les styles différents. J'ai fait tous mes niveaux avec la même personne et j'ai ensuite refait le niveau Maître avec une autre personne pour enrichir mon expérience.

Même si la possibilité existe de prendre tous les niveaux en une ou quelques fins de semaine très rapprochées, je considère que c'est une erreur grave de le faire. Ce court intervalle ne donne pas assez de temps pour intégrer les énergies, les enseignements et les techniques d'un niveau à l'autre. Si vous apprenez de cette façon, vous enseignerez plus à partir du mental plutôt qu'à partir du cœur et vos enseignements ne seront pas soutenus par l'expérience.

Formation individuelle ou en groupe

Quelques personnes demandent d'être initiées en individuel mais il est préférable de faire la formation en groupe. Le groupe crée un contenant énergétique puissant et l'étudiant bénéficie des partages et des échanges de traitements avec les autres participants. Le Maître Reiki est disponible pour assister et guider au besoin. Je n'initie pas en individuel à moins que les circonstances ne l'exigent.

Le niveau 1

Voici l'expérience de Claudia, praticienne de Reiki, du niveau 1 :

> « *Je voulais te remercier à nouveau pour le cours de Reiki de lundi dernier; je me sens comme une nouvelle personne. J'étais de mauvaise humeur lundi soir et mardi matin, mais dès mardi après-midi, c'est comme si un poids fut levé et depuis, je me sens plus confiante, sans peur d'être moi-même. Si quelqu'un me dit quelque chose de dérangeant, je ne le garde plus à l'intérieur. Je danse plus, je ris plus et je m'aime plus. J'ai pleuré un peu aussi, mais cela n'a pas duré longtemps, ça fait partie de*

la transformation. J'ai sorti une photo de moi enfant et me suis dis « Que tu es mignonne ! » Je me critiquais depuis des années; maintenant j'ai arrêté de le faire et je ne cherche plus à être parfaite ! Tout ceci s'est passé depuis lundi ! J'en suis ravie et très reconnaissante. Je sens que je vais continuer de grandir à grands pas. Je me donne du Reiki quotidiennement tel que suggéré et j'en ressens les effets à tous les jours. »

Le niveau 1 est une introduction au Reiki, qui est un travail énergétique, et il est normalement enseigné en un ou deux jours. Je préfère l'enseigner en deux jours afin que l'étudiant puisse profiter de la nuit pour intégrer les enseignements et les énergies reçues. Cette manière de procéder lui donne aussi plus de temps pour réfléchir et poser des questions.

Au niveau 1, l'enseignement comprend l'histoire du Reiki, ce qu'est le Reiki, les bienfaits qu'on peut en retirer et ce que veut dire canaliser l'énergie pour soi ou une autre personne. Les principes sont introduits et discutés.

L'étudiant apprend ensuite à se donner un traitement. Dans la plupart des lignées, il apprend aussi à traiter une autre personne et à traiter en groupe. Je sais que certains Maîtres Reiki préfèrent limiter l'enseignement du niveau 1 au traitement sur soi et laisser le traitement sur une autre personne pour le niveau 2.

Les étudiants apprennent comment se préparer à un traitement afin qu'il soit le plus efficace possible. Ils apprennent ce qui peut nuire à un traitement et quand il n'est peut-être pas approprié d'en donner un. Certains enseignants, selon leurs autres formations, peuvent introduire les aspects du champ énergétique, des chakras et peut-être même de l'enracinement. L'enracinement, tel qu'expliqué plus loin, permet au praticien de se brancher aux basses fréquences énergétiques de la terre et augmente de beaucoup la puissance et l'efficacité d'un traitement.

Les étudiants ont le temps de se donner un traitement et d'en échanger un avec une autre personne et un groupe de personnes.

Au premier niveau, l'étudiant reçoit quatre initiations. Bien que toute personne ait la capacité de canaliser et transmettre l'énergie à travers les mains, les mantras et symboles sacrés utilisés par le Maître Reiki durant des initiations ont pour effet d'augmenter le taux vibratoire et d'ouvrir les canaux énergétiques. Ceci augmente la capacité de recevoir et de transmettre l'énergie du Reiki. Les quatre initiations sont cumulatives et la quatrième scelle le processus.

Chaque personne fait l'expérience des initiations selon ce qui est approprié pour elle; il n'y a pas de bonne ni de mauvaise expérience. Pour quelques-unes, c'est une expérience émotionnelle ou spirituelle profonde et pour d'autres, elles ne ressentent presque rien du tout. Quelle que soit l'expérience, il n'y a aucun doute que les énergies sont transmises et qu'elles sont efficaces. Les résultats se révéleront souvent plus tard, au rythme de la personne.

Je fais souvent l'exercice de comparer l'énergie ressentie entre les mains au début et à la fin de la formation. La plupart sont surpris de la chaleur qu'ils ressentent dans leurs mains ou dans celles de leurs compagnons. C'est toujours plaisant de témoigner de leur émerveillement et de leur enthousiasme durant les partages.

La capacité de recevoir l'énergie du Reiki est permanente et reste toujours disponible indépendamment de la fréquence d'utilisation. Il est seulement nécessaire de l'appeler pour qu'elle passe.

Pamela, praticienne de Reiki, raconte ses expériences du niveau 1 :

« *Ma vie a changé de façon significative depuis que j'ai fait la formation du niveau 1 en Reiki il y a environ deux ans. J'ai été dépassée par les initiations, et j'ai ressenti en un instant une ouverture tant au niveau physique qu'émotionnel et mental, tellement qu'il y eut des pleurs soudains et intenses. J'ai en fait été étonnée par la puissance de l'expérience et j'ai pris un bon moment pour l'intégrer.*

Depuis, j'ai utilisé ce que j'ai appris sur ma famille et mes amis et, plus tard, surtout sur mon chien. En moins d'un an, j'ai découvert une passion pour la zoothérapie et j'ai obtenu une certification dans la méthode au printemps 2011. Suite à des synchronismes indéniables, ma golden retriever April, une chienne de la SPCA, s'est présenté à moi. Elle est ma partenaire de travail et je lui donne régulièrement du Reiki. Je constate des résultats sur elle qui me sont plus évidents que ceux que j'observe sur les humains.

Je crois que l'initiation au niveau 1 de Reiki n'était pas un accident; j'y ai été attirée et étais prête aux ouvertures du cœur qu'il m'a fait vivre. J'espère continuer mon apprentissage du Reiki car il est très complémentaire à ma nouvelle profession. Merci Roland de m'avoir aidée à m'y rendre. »

Le niveau 2

Au deuxième niveau de Reiki, l'étudiant apprend trois symboles sacrés qui augmentent la puissance des traitements. L'étudiant apprend aussi à envoyer du Reiki à distance, ce qui ouvre à la possibilité de traiter n'importe où sur la planète ou dans l'univers. De plus, une nouvelle technique est enseignée pour adresser le mental et l'émotionnel.

Encore une fois, les étudiants sont invités à partager leur expérience du niveau 1 et des principes du Reiki et à éclaircir tout autre aspect au besoin.

Le Maître Reiki transmet deux initiations qui augmentent encore le niveau vibratoire du champ énergétique ainsi que la capacité de recevoir et de transmettre l'énergie. Le deuxième niveau est aussi un catalyseur pour la croissance personnelle et l'alignement avec sa mission de vie.

Les étudiants ont le temps de pratiquer les symboles durant un traitement normal ainsi que durant la nouvelle technique mentale/émotionnelle et celle à distance.

Les symboles du niveau 2

Les symboles de Reiki agissent chacun d'une façon différente pour augmenter l'efficacité des traitements. Ils sont activés lorsque leur géométrie sacrée, leur couleur et leur nom sont combinés d'une manière spécifique. Les symboles n'ont pas de pouvoir si une personne n'a pas été initiée au Reiki par un Maître Reiki.

Même si les symboles sont maintenant publiés par certains auteurs et peuvent être trouvés sur Internet, on demande aux étudiants de les garder confidentiels afin de respecter leur nature sacrée.

Voici un survol de chacun des symboles :

Le symbole de distance

Ce premier symbole crée et maintient une connexion éthérique (énergétique) entre la personne qui envoie et celle qui reçoit lors d'un traitement à distance. C'est un symbole qui englobe tout le traitement holistique. Son sens général est « La lumière, le Divin, le Bouddha, le Maître en moi reconnaît la Lumière, le Divin, le Bouddha, le Maître en toi ». C'est un symbole qui promeut l'humilité et l'égalité et qui rappelle au donneur que nous sommes tous égaux, que le cheminement vers la guérison de chacun est unique et ne peut être jugé.

Le symbole de puissance

Ce deuxième symbole augmente la puissance de l'énergie lorsqu'il est appliqué et aide à dissoudre les blocages et à libérer l'énergie stagnante. Ce symbole peut être utilisé en dehors d'un traitement pour énergiser la nourriture et l'eau, pour nettoyer des objets tels que des cristaux ou nettoyer des espaces ou des pièces.

Le symbole mental/émotionnel

Le troisième symbole est celui du mental/émotionnel. Il est utilisé pour approfondir et enrichir la connexion entre le donneur et le receveur et invite toute information inconsciente à se présenter qui pourrait être utile pour la personne traitée.

L'expérience de Catherine, praticienne de Reiki, des niveaux 1 et 2 :

> « *Lors de l'initiation de Reiki niveau 1, j'ai ressenti mon canal énergétique s'ouvrir d'environ 5 cm de diamètre et l'énergie passer au travers; cela ressemblait à une lumière blanche. Pendant un long moment je sentais l'énergie circuler. Elle m'amenait à m'aligner et m'ouvrir à l'énergie universelle.*
>
> *À l'initiation du niveau 2 mon canal énergétique s'est nettement élargi; je le visualise*

faisant 10 cm de diamètre. La puissance énergétique qui passe dans mes mains grâce aux symboles est très forte. »

Le niveau 3

Alexandra, praticienne de Reiki, partage :

« Un gros merci pour cette opportunité de faire partie de l'expérience la plus belle et la plus lumineuse de toute ma vie, soit l'initiation au niveau 3 que j'ai reçue en novembre 2009.

Ce fut une aventure de découverte dans le monde de l'inconnu. Dès la méditation en début de journée, je me suis sentie portée sur les ailes de l'énergie et cette sensation dura le reste de la journée. J'ai fait des merveilleuses expériences; me sentir dans l'immobilité, ressentir un puissant champ énergétique autour de moi et moi m'y dissoudre, me sentir petite et grande en même temps devant l'univers, me sentir unifiée avec toutes les personnes dans la pièce, connectée avec l'univers et le Divin, en révérence devant le Divin, les maîtres et les guides, ressentir de l'amour pour tous ceux qui m'entourent et pour l'humanité entière et un grand sentiment de gratitude pour chaque seconde de cette journée précieuse.

Merci pour l'opportunité d'apprendre du nouveau et de nous introduire à la connaissance sacrée du niveau 3 de Reiki et de m'aider à faire un pas plus en avant et plus haut sur le chemin sans fin de la croissance spirituelle. Merci d'avoir créé cet événement spécial. Je suis heureuse d'avoir rencontré toutes ces personnes merveilleuses, spéciales, intéressantes et gentilles que je sentais connaître depuis toujours. Je pense que chaque être humain est le plus beau miracle et que lorsque nous sommes ensembles et unis, nous pouvons faire une différence dans le monde.

J'ai perdu la notion du temps ce jour-là et le tout s'est passé en un instant. À la fin, je me sentais un peu triste que l'aventure soit finie. C'était la journée la plus spéciale sur le parcours de mon âme. Avec respect et gratitude de tout mon cœur. Alexandra. »

Au troisième niveau, l'étudiant reçoit une autre initiation puissante. Il apprend des positions des mains qui aident à focaliser l'énergie et la conscience ainsi que deux autres techniques pour appliquer le Reiki. Il apprend le premier symbole du maître, un symbole puissant qui invite l'expansion et la lumière.

On passe les principes en revu, on partage les expériences et on répond les questions.

À ce niveau, je donne des travaux à faire, soit des questions de réflexion et un rapport écrit sur deux de plusieurs traitements en personne et à distance. Cette façon de faire assure que l'étudiant pratique le Reiki et permet un approfondissement des enseignements et des traitements donnés. Je commente ces travaux et j'émets le certificat lors d'une rencontre individuelle avec l'étudiant durant laquelle nous revoyons son parcours et ses questions. Ce ne sont pas tous les Maîtres/Enseignants qui accompagnent de cette manière. Pour moi, ces travaux sont précieux pour les étudiants/praticiens qui envisagent souvent de pratiquer le Reiki plus régulièrement ou même professionnellement.

Niveau 4 – Maître/Enseignant

Ce ne sont pas tous les étudiants qui prennent ce niveau avec l'intention d'enseigner. Certains le prennent pour la croissance personnelle qu'il offre et découvrent parfois, tout comme moi, qu'ils veulent ensuite le partager avec d'autres.

Pour être accepté à ce niveau, le Maître Reiki doit s'assurer que le candidat a la bonne attitude et la bonne motivation. S'il ne connaît pas la personne, il sera nécessaire de la rencontrer. Chaque Maître Reiki aura sa propre façon d'évaluer et d'accepter les étudiants.

L'enseignement à ce niveau débute avec un rituel d'initiation puissant et l'introduction d'un nouveau symbole. La méthode pour enseigner est transmise plus tard au moment propice.

Certains Maîtres Reiki offrent la formation sur une période de plusieurs mois avec des travaux et des rencontres périodiques. D'autres offrent l'enseignement sans ce soutien, mais restent disponibles pour répondre aux questions et guider la personne au besoin.

Je demande aux étudiants de s'engager pendant une période de huit mois à un an. Ils reçoivent en premier le rituel initiatique et ensuite ils assistent durant les cours aux différents niveaux, font des lectures et remettent des travaux échelonnés sur la période de formation.

L'étudiant en maîtrise avance à son propre rythme et bénéficie d'un contact prolongé avec moi appuyé par la revue et les commentaires sur les travaux. Ceci m'assure que l'étudiant intègre bien les enseignements et qu'il puisse être présent aux cours sans avoir à enseigner ou apprendre le matériel. Il observe ainsi ma façon d'enseigner sans pression.

De plus, je l'appuie s'il veut commencer à pratiquer et établir une clientèle. Je lui demande aussi d'organiser un partage de Reiki ou d'y assister.

La formation se complète lorsque je suis satisfait qu'il ait rencontré toutes ces exigences et intégré le cœur de la méthode. Il pourra alors recevoir, accompagner, soutenir et guider les étudiants qui viendront vers lui à travers tous les niveaux. Je serai assuré qu'il transmettra les enseignements à partir du cœur et d'une riche expérience.

Il arrive parfois que les étudiants ou moi-même découvrons qu'ils ne sont pas prêts à prendre cette responsabilité ou qu'ils ne sont pas aptes à enseigner et qu'ils décident alors de ne pas compléter la formation. Ils sont aussi soutenus dans ce cheminement.

Tous les étudiants sont encouragés à se joindre à une association de Reiki.

21 jours d'intégration

Après chaque niveau de Reiki, il est suggéré d'entreprendre une période de purification et d'intégration de 21 jours consécutifs durant lesquels la personne se donne un traitement à tous les jours.

L'augmentation soudaine du niveau vibratoire à la suite d'initiations déclenche un processus de libération de toxines, d'émotions retenues et d'énergies négatives. Ce processus se poursuit à l'aide des traitements durant les 21 jours.

L'intégration peut être douce comme elle peut être un temps de rêves, de changements d'état, de sensations ou d'émotions fortes (colère, joie, etc.). Ceux-ci sont un signe d'intégration et de transformation intérieure. Y porter attention peut révéler des messages importants qui appuieront les changements bénéfiques et nécessaires. Il est bon de tenir un journal intime durant cette période pour noter les pensées, les émotions et les réactions, ce qui permet à l'étudiant de suivre son processus et d'y réfléchir.

Le livre *Abundance through Reiki* (Horan, 1995) contient des suggestions d'exercices qui sont très bénéfiques durant cette période.

Sabine, praticienne de Reiki, partage :

> *« Ma période de 21 jours après le niveau 2 fut un peu difficile, surtout vers la fin. Au septième ou dixième jour, je me sentais triste et déprimée, mais ceci a disparu à la journée 22, coïncidant avec mon cycle menstruel. C'était bizarre, mais j'en suis venue à accepter que des choses bizarres se vivent durant ces processus. »*

Résumé du chapitre 3

Le Reiki traditionnel a été popularisé par Mme Hawayo Takata qui l'apprit du Dr Hayashi, un disciple de Mikao Usui. Il s'apprend en trois ou quatre niveaux selon la lignée dans laquelle le Maître/Enseignant a fait son apprentissage.

L'initiation, un rituel énergétique transmis par le Maître/Enseignant, permet d'augmenter la fréquence vibratoire du champ énergétique de l'initié, facilite la capacité de réception et de transmission de l'énergie et l'accroît. C'est cette initiation qui agit comme puissant catalyseur de la transformation personnelle.

Plusieurs extensions du Reiki ont été créées au fil du temps par des Maîtres Reiki qui ont reçu de l'information ou des symboles additionnels ou qui ont ajouté des techniques à la méthode traditionnelle.

Le Reiki se donne par une simple imposition des mains en personne ou à distance. Aucune autre technique n'est nécessaire ni enseignée pour le transmettre. Les symboles sacrés, appris à partir du deuxième niveau, permettent de se connecter à distance, de renforcer la puissance de l'énergie transmise, et d'approfondir la connexion entre le praticien et le receveur.

Au niveau Maître/Enseignant, il est permis de transmettre les enseignements à tous les niveaux.

CHAPITRE 4

APPLICATION DU REIKI – CONSEILS POUR LE PRATICIEN

En tant que praticien de Reiki, votre premier objectif est d'être un canal pur pour le client et d'être aussi neutre que possible, sans rien diriger. Un praticien de Reiki ne pratique pas une thérapie personnelle, mais apprend à créer un contenant plus sécuritaire et plus aimant qui augmentera l'efficacité des traitements et aura aussi un effet thérapeutique.

Ce chapitre vous aide à devenir conscient de plusieurs aspects de traitements qui pourraient se présenter alors que vous travaillez avec votre clientèle. Il adresse aussi des questions qui me sont posées par les étudiants durant les cours.

Je commence par présenter les aspects relationnels des traitements qui sont pour moi les plus importants. L'ambiance, l'endroit et l'équipement ont aussi un impact significatif sur le traitement.

Vous n'avez pas à tout maîtriser avant de débuter une pratique professionnelle. Vous développerez vos habiletés à mesure que vous travaillez et que vous prenez de l'expérience.

La relation praticien/client

L'utilisation juste du pouvoir

The Right Use of Power (Barstow, 2007) est le titre d'un livre sur les dynamiques de pouvoir qui sont présentes dans la relation entre un client et son praticien. Aussitôt que vous entrez dans une relation praticien/client, il y a une forte possibilité que vous allez inconsciemment adopter un rôle. Le client remet souvent son pouvoir au praticien. Certains praticiens recherchent inconsciemment à rehausser leur ego à travers leur travail.

Il importe que le praticien soit conscient de l'existence de ces dynamiques. Il pourra alors être vigilant et même les nommer quand elles se présentent, ce qui lui permettra de continuellement travailler à remettre le pouvoir au client.

Je recommande fortement ce livre d'apprentissage expérientiel pour vous indiquer les pièges potentiels dans la relation avec le client, les façons de renforcer l'autonomie et le pouvoir du client ainsi que de réclamer votre propre pouvoir en tant que praticien.

Barstow affirme qu'il est aussi dommageable de ne pas s'approprier son pouvoir que de le donner à une autre personne, qu'on soit client ou praticien.

Présence et non-faire

La sagesse sans mots,
née d'un silence intérieur,
portée dans le cœur,
répandue avec bienveillance.
Voilà une vraie médecine. – Auteur inconnu

C'est un aspect sur lequel je mets l'accent lors de mes enseignements. Plus vous développez la présence avec vous-même, plus vous pourrez être avec vos clients. Les traitements gagneront en efficacité plus vous serez dans l'être plutôt que dans le faire. Une fois l'intention claire établie d'être présent pour le plus grand bien du client, il n'y a rien d'autre à faire que de faire confiance à l'intelligence divine du client, de prendre l'énergie du Reiki et la diriger à son rythme aux endroits en besoin de guérison.

Ceci exige de ne pas pousser, tirer ou manipuler l'énergie d'aucune façon que ce soit tout en vous laissant guider par votre savoir intérieur et votre intuition.

Si votre esprit vagabonde alors que vous essayez d'être présent, simplement vous ramener avec compassion lorsque vous vous en rendez compte. Souvent, les nouveaux praticiens gardent les yeux fermés en pensant qu'ils pourront mieux percevoir. Ceci invite le mental à partir. Gardez plutôt les yeux entrouverts avec un regard non dirigé et fermez-les occasionnellement au besoin. Cette méthode vous permettra d'être plus présent avec vous-même et avec votre client.

Dans cette profession, nous ne recevons pas souvent de rétroaction de nos clients. Le suivi est minimisé pour respecter l'intimité et le cheminement des clients. Je fais rarement un suivi avec mes clients qui ne se présentent plus parce que je fais confiance à ce qu'ils reviennent d'eux-mêmes au besoin. Un événement récent m'a rappelé l'importance de cette simple présence. J'ai reçu un courriel d'une cliente que j'avais vue seulement une fois quelques mois auparavant. Elle voulait me remercier en me disant que ce traitement avait eu un impact majeur sur sa vie. Elle affirma que personne n'avait été présent avec elle de cette façon dans sa vie. Cela m'a confirmé l'importance capitale de la simple présence.

« Laisser le faire émerger de l'être » — une citation que j'ai affichée sur mon réfrigérateur pour me la rappeler.

Limites saines avec les clients

Vous devez vous enlever complètement du chemin pour être le meilleur canal possible pour vos clients. Son bien-être devient la priorité et votre façon de vous positionner dans la relation aura un impact sur le processus de guérison. Il existe toujours un transfert entre vous et votre client qui est le plus souvent inconscient (voir la section sur la supervision

75

dans le chapitre 5). Si vous développez une amitié avec vos clients, il y a danger qu'ils priorisent la relation plutôt que le cheminement vers la guérison.

Il est nécessaire d'établir et de maintenir des limites saines.

Il est parfois possible de transformer une relation praticien/client en une amitié saine en autant que ce soit une décision consciente et éclairée de part et d'autre et de laisser une période adéquate de temps (certaines écoles parlent de deux années). Ceci permettra au praticien et au client d'amener en conscience et de discuter de tous les aspects de cette nouvelle relation.

La guérison vient de l'intérieur et reste la responsabilité du client

Bien qu'elle puisse être aidée de l'extérieur, la guérison demeure un processus intérieur. Lorsqu'il y a une blessure telle qu'une fracture, une maladie ou une brûlure, l'aide « extérieure » est souvent appliquée sous forme de plâtre, bandage, chirurgie, psychothérapie ou autre. Mais c'est le corps qui guérit à partir de son intérieur, autant au plan physique qu'au plan émotionnel, mental, psychique ou spirituel. La guérison se fait au niveau approprié pour la personne.

Le praticien ne contrôle ni ne dirige la guérison. Il est simplement là comme une antenne ou un canal pour l'énergie et la rend disponible à la personne qui reçoit. Ceci installe un gabarit que la personne peut suivre ou non. Être disponible au client ne signifie pas le prendre en charge ou en prendre la responsabilité. C'est le client qui est responsable de sa guérison et non le praticien.

Il se peut que la guérison ait lieu au moment du traitement ou plus tard la même journée, en quelques jours ou quelques mois, ou même en quelques années. Le traitement de Reiki peut simplement mettre en place ce qu'il faut pour engendrer le processus.

Une collaboration entre le client et le praticien

La relation praticien/client est une aventure de collaboration. Plus vous avez confiance que le client possède toutes les ressources nécessaires à l'intérieur de lui, plus vous pourrez lâcher prise et laisser le Reiki faire son travail.

Le besoin de réparer, l'habitude de chercher ce qui ne va pas

Soyez conscient de votre besoin de réparer et de rechercher ce qui ne va pas quand le client entre dans votre cabinet. En tant que professionnel aidant, il est facile et souvent habituel de catégoriser le client et lui mettre des étiquettes selon sa formation.

Essayez plutôt de chercher ses forces et ses ressources aussitôt qu'il entre dans votre cabinet. Qu'est-ce que vous voyez qui vous rassure que vous n'aurez pas à « travailler si fort » avec cette personne ? Pouvez-vous faire confiance qu'elle a tout ce qu'il lui faut à l'intérieur et sait très bien ce dont elle a besoin ? Pouvez-vous lâcher prise sur les résultats ?

La méthode Hakomi (voir l'annexe G) nous apprend à rechercher ce qui est nourrissant chez le client, ce qui renforce la présence aimante et bienveillante.

Savoir reconnaître ses limites

Il se pourrait bien que la condition du client soit au-delà de votre niveau de confort ou de votre compétence ou que vous ne soyez tout simplement pas à l'aise en sa présence.

Vous êtes parfaitement libre de prendre soin de vous et de choisir les clients avec lesquels vous voulez travailler ou non. Ce ne sera pas bon pour eux si vous vous forcez à le faire. En recommandant un collègue ou un autre professionnel ou même en suggérant une autre approche, vous agissez comme modèle de se prendre en charge et d'établir des limites saines.

Se préparer et traiter un client

Pour recevoir un client, vous devez être centré et dans un état d'être propice à donner un traitement. Voici quelques manières de vous préparer.

Prendre contact avec soi

Prenez un moment pour voir ce qui est présent en vous juste avant de recevoir une personne pour un traitement. Y a-t-il quelque chose qui vous empêche d'être complètement présent ? Des émotions restantes d'une interaction avec une autre personne sont-elles présentes ? Est-ce que votre état physique nuit à votre présence ? Si oui, permettez-vous d'accueillir le tout, tout en étant présent.

Peut-être choisirez-vous de méditer un peu pour vous aider à vous centrer et vous aligner. Suivre la respiration est une bonne façon de se calmer et de se centrer. J'utilise souvent la technique de respiration suivante : inspirer au compte de quatre, retenir la respiration pour un compte de quatre et ensuite expirer sur un compte de huit. Cet exercice a pour effet de réguler le système nerveux et d'éloigner la pensée.

Une autre façon est d'utiliser le mantra « OM » qui combine une expiration lente avec le son « OM » qui ensemble alignent les chakras supérieurs. Il est calmant et bénéfique de ressentir la vibration de sa propre voix résonner dans tout le corps.

Faites-en l'expérience et trouvez ce qui vous convient.

État d'être propice à donner un traitement

L'énergie passe du champ plus fort au plus faible comme elle le fait entre deux batteries lorsque votre auto reçoit un survoltage. Vous devez être dans un meilleur état que votre client pour vous assurer que c'est bien le client qui reçoit et non l'inverse. Si vous êtes très fatigué ou pas bien physiquement, il sera peut-être mieux de remettre le traitement à plus tard. Ceci ne veut pas dire qu'une personne qui a une maladie (chronique, par exemple) ne peut donner du Reiki. Il suffit qu'une personne vérifie consciemment son état avant de donner.

Si vous éprouvez des émotions fortes que vous ne pouvez mettre de côté, il sera aussi mieux de remettre le traitement à plus tard.

Lâcher prise sur les résultats

Il n'est pas possible de connaître tout l'impact d'un traitement de Reiki. Le praticien ne contrôle pas le processus de guérison et ne peut en déterminer les effets ni le moment où ils se produiront. On ne peut prédire à quel niveau (physique, émotionnel, mental, psychique ou spirituel) se fera la guérison. Même si nous voyons des effets durant le traitement tels que détente, relâchements émotionnels ou physiques, et prises de conscience de la part du client, d'autres résultats pourraient se manifester en temps et lieu dont nous n'aurons jamais connaissance.

Il n'est pas si simple de lâcher prise sur les résultats. La plupart d'entre nous avons appris à faire, diriger et analyser. Notre estime de soi est souvent mesurée par les résultats obtenus. Le lâcher-prise est une expérience d'humilité et requiert de se rendre à quelque chose de plus grand que nous et de faire confiance au processus.

Ce fut un de mes plus grands défis dans mon parcours de facilitateur en guérison. Je dois encore être vigilant et faire appel au témoin afin de me voir en train de faire, diriger ou analyser. Plus je réussis à me voir, plus je peux m'enlever du chemin et faire confiance. Le travail devient alors plus facile.

J'entends souvent les débutants demander à leurs premiers clients aussitôt le traitement terminé : « Et bien, comment vous sentez-vous ? » Il est mieux de laisser un temps d'intégration avant que le client ne se lève de la table et laisser émerger ce qui veut être partagé de façon spontanée. Après un certain temps, vous pouvez lui demander cette question plus juste : « Y a-t-il quelque chose que vous aimeriez partager de votre expérience » ?

Ne pas utiliser votre énergie pour guérir

Si vous vous sentez épuisé après avoir donné un traitement de Reiki, il se peut que ce soit à cause d'un aspect physique, tel qu'une table trop basse, avoir été longtemps debout, avoir eu à travailler avec le dos courbé parce que le client était trop éloigné du côté de la table, avoir retenu la respiration ou ne pas avoir pu se détendre en donnant. C'est bien acceptable de s'asseoir en donnant un traitement malgré le fait qu'il soit plus difficile de rester enraciné dans une position assise.

Il se peut aussi que vous forciez pour donner de l'énergie, que vous utilisiez votre énergie ou que vous travailliez très fort avec votre mental en essayant de percevoir ou comprendre ce qui se passe durant le traitement.

Les débutants surutilisent souvent le 3e œil et froncent les sourcils en concentration pour essayer de voir ou percevoir l'énergie et essayer de tout faire de façon « parfaite ». Les épaules et les bras sont souvent tendus, ce qui restreint le passage de l'énergie et amène une fatigue.

Vérifiez continuellement votre posture et détendez-vous en donnant un traitement. Ceci augmentera le flux énergétique. Et n'oubliez pas de respirer ! Vérifiez aussi périodiquement votre enracinement et l'utilisation d'un chakra plus que les autres. Réalignez alors votre intention et aussi votre attention sur tous les chakras.

Établir une intention claire

L'intention est un des outils les plus puissants que je connaisse. Prenez le temps d'établir une intention claire et sans effort d'être présent pour le plus grand bien de votre client.

Ces mots simples sont puissants : « J'aligne une intention claire d'être complètement présent pour mon client, de m'enlever du chemin et de m'abandonner au Divin ainsi qu'au cheminement de mon client. »

S'enraciner

Le mot « enraciner » a été inventé par Alexander Lowen et John Pierrakos alors qu'ils développaient la BioÉnergie.

S'enraciner est d'être complètement dans son corps et connecté à la terre, et de ressentir ses pieds sur le sol et le support de la terre. Être enraciné permet de puiser les vibrations basses et bénéfiques de la terre, ce qui les rend disponibles à la personne traitée. Puisque l'enracinement est si important pour se sentir bien en vie, il est bon d'en développer un sens solide.

Bien s'enraciner ajoute à l'énergie du Reiki qui entre par le chakra de la couronne et est émis par les chakras des paumes des mains. S'enraciner est la première étape pour préparer le champ énergétique afin d'être mieux connecté et mieux transmettre les énergies du Reiki et de la terre.

Dans le livre *Périls et promesses de la vie spirituelle* (Kornfield, 1998), l'auteur affirme qu'il est très important d'être bien ancré dans le chakra de la base (enraciné) lorsque nous méditons ou travaillons autrement avec les chakras du haut du corps.

L'enracinement peut se faire de façon progressive en trois étapes, que j'aime bien nommer Enracinement 1-2-3. Les voici :

1. Détendez le dos et gardez la tête droite avec un regard non dirigé. Gardez les pieds parallèles et espacés à la largeur des épaules et pliez les genoux légèrement pour vous assurer qu'ils ne sont pas barrés, afin que l'énergie puisse circuler librement dans les jambes. Bougez le corps en entier, incluant le bassin et les jambes pour amener la conscience dans tout le corps, particulièrement dans le bas. La plupart d'entre nous avons tendance à garder l'énergie dans le haut du corps et dans la tête.

2. Sentez vos pieds sur le sol et écartez les orteils pour un contact maximal. Trouvez le centre avant-arrière et ressentez votre corps complètement soutenu par la terre. Ensuite, mettez tout votre poids sur un pied et ressentez cette connexion. Faites de même avec l'autre pied et retournez au centre. Prenez des respirations profondes jusqu'au fond de l'abdomen. Placez vos mains sur le bas du ventre et sentez-les bouger avec chaque inspiration. Sur la prochaine inspiration, imaginez que vos jambes sont vides et que l'inspiration se rend jusqu'au bout des orteils.

3. Imaginez maintenant des racines qui poussent de la plante de vos pieds en formant deux grands cônes et que ces racines pénètrent le plancher, les fondations du bâtiment et traversent toutes les épaisseurs de la terre - la terre, le sable, les roches,

les cristaux - en remplissant complètement les deux cônes autant en avant qu'en arrière et sur les côtés. Ensuite, visualisez ou voyez ces racines encercler le centre de la terre et se connecter avec la conscience de la terre pour absorber son énergie de soutien et de vitalité. Laissez cette énergie remonter dans les racines comme la sève monte dans les racines d'un arbre. Permettez à cette énergie de remplir votre champ énergétique et votre corps. Vous allez peut-être ressentir une chaleur ou voir des couleurs. Continuez de respirer profondément.

4. La dernière et importante étape est de se connecter à son point d'intention, un point au centre du corps juste en bas du nombril, environ la grosseur d'une balle de golf et sous forme d'amande. Barbara Brennan (1995) décrit ce point dans *Guérir par la lumière.* Elle explique qu'il est l'endroit énergétique où l'on tient son intention d'être incarné dans cette vie et dans ce corps. Connectez-vous à ce point en plaçant vos doigts des deux mains ensemble sur ce point et en les laissant pénétrer énergétiquement pour se connecter à ce point. Une fois rendu, laissez se créer une connexion entre ce point et la conscience énergétique de la terre, en son centre. Alignez votre intention à partir de cette connexion pour être complètement présent pour la personne.

Gardez cette position d'enracinement et cette intention en vous déplaçant d'une position à une autre durant le traitement. Ce faisant, vous constaterez que votre connexion et le flux énergétique seront beaucoup plus puissants. Plusieurs étudiants ont très chaud quand ils pratiquent cette technique d'enracinement pour la première fois.

Préparez votre champ énergétique

Préparez ensuite votre champ énergétique de sorte que l'énergie puisse circuler plus librement, en ouvrant vos chakras afin de permettre à chacun de laisser entrer l'énergie de son unique fréquence vibratoire. Faites ceci en amenant votre conscience à chacun d'eux et en respirant à travers eux pour leur permettre de s'ouvrir de façon naturelle. Commencez par le chakra de la racine et montez jusqu'au chakra de la couronne. Vous pouvez aussi visualiser les couleurs suivantes en respirant.

1er chakra – rouge

2e chakra – orange

3e chakra – jaune citron

4e chakra – vert de printemps

5e chakra – bleu ciel

6e chakra – indigo

7e chakra – violet ou blanc

Comme les chakras sont aussi des récepteurs d'information, vous augmentez ainsi votre capacité de recevoir de l'information qui pourrait être disponible en donnant votre traitement.

Rencontrez votre client

Les clients qui se présentent pour la première fois pour recevoir un traitement de Reiki se sentiront peut-être anxieux et vis-à-vis de ce traitement nouvel âge. Ils sont peut-être venus à la recommandation d'un ami, d'un collègue, d'un client ou de leur partenaire. Ils se demanderont peut-être s'ils veulent vraiment y être. C'est possiblement la curiosité qui les amène ou le fait qu'ils ont tout essayé pour traiter leur condition.

Accordez un peu plus de temps lors de cette première rencontre. Soyez attentifs et en présence inconditionnelle. Rencontrez-les où ils sont dans leur processus. Si le Reiki ne leur est pas familier, expliquez-leur ce que c'est et à quoi ils peuvent s'attendre durant le traitement.

Il est important de leur dire que le Reiki est une approche complémentaire, et parfois alternative, mais qu'ils doivent consulter un professionnel de la santé pour toute question sur leur condition parce que vous ne pouvez pas diagnostiquer ni prescrire. Vous pouvez leur dire que le Reiki n'entrera pas en conflit avec tout autre traitement qu'ils reçoivent et va plutôt les soutenir dans leur démarche et même accélérer le processus de guérison. Dites-leur qu'ils n'ont pas besoin d'y croire mais que la seule chose importante pour eux est d'aligner leur intention vers la guérison et d'être ouverts à cette nouveauté.

Les techniques d'écoute active et de présence aimante et inconditionnelle les aideront à se sentir à l'aise avec vous et avec le traitement.

Une fois que vous les aurez informés sur le Reiki, entendu leurs besoins et répondu à leurs questions, vous pouvez leur expliquer le déroulement du traitement. Dites-leur qu'il se peut que des émotions se présentent lors du traitement à mesure que les blocages qui les retiennent se libèrent. Expliquez que ceci est normal et un signe de guérison et que vous serez présent avec eux tout en continuant de transmettre du Reiki. Souvent, lorsque les clients ressentent des émotions, ils retiennent leur respiration. Les émotions se vivent et se libèrent plus facilement quand on respire en elles et avec elles.

Vous pouvez ensuite les inviter à monter sur la table et vous assurer qu'ils se sentent bien avant de commencer.

Aligner l'intention avec le client

Une fois assuré que votre client est à l'aise, invitez-le à aligner son intention à votre façon. Souvent, je vais utiliser une ou plusieurs de ces invitations :

- Je vous invite à vous ouvrir à recevoir cette énergie de conscience divine et d'amour inconditionnel afin qu'elle puisse nettoyer, équilibrer, recharger et réparer au besoin.

- Invitez vos amis spirituels, vos guides, les anges et la présence des Maîtres ascensionnés. Vous pouvez même les inviter à participer si c'est approprié pour vous.

- Invitez l'univers à mettre sur votre chemin toutes les expériences, informations, messages, personnes, évènements, livres ou toute autre chose qui peut contribuer à votre cheminement afin que vous puissiez être bien et continuer de partager l'essence et le cadeau de qui vous êtes. Que ceci se fasse sans effort et avec plaisir.

Souvent un sourire apparaît en prononçant les mots « sans effort et avec plaisir ».

Une fois assuré que vous êtes enraciné et que vous avez bien aligné votre intention, respirez dans chacun de vos chakras et commencez le traitement.

Toucher ou ne pas toucher

Vérifiez avec vos clients si vous pouvez placer vos mains directement sur les positions de traitement. Il est important de vérifier, car certaines personnes ne veulent pas être touchées du tout ou du moins sur certaines positions, surtout si elles ont souffert d'abus.

Même si l'énergie du Reiki est transmise dans le champ énergétique du client que vous le touchiez ou non, je suggère fortement le contact si c'est permis. Un contact ferme en tout temps vous permet de bien ressentir votre client et lui permet de vous ressentir aussi. Le contact est un aspect important dans l'accompagnement. Le toucher rassure le client que vous êtes présent avec et pour lui. Le toucher enrichit la connexion de cœur entre vous deux. Nous ne sommes pas assez touchés de façon aimante dans notre société.

Il se peut qu'en tant que praticien, vous ressentiez moins l'énergie passer avec vos mains directement sur le client. Si c'est le cas, rappelez-vous que la priorité est le client et tout ce qui peut enrichir la connexion va aussi enrichir le traitement. Si vous résistez au toucher, soyez-en curieux; ce peut être bénéfique pour vous de l'explorer avec votre thérapeute.

S'il vous est permis de toucher, mettez vos mains sur les positions avec une pression ferme. Demandez au client de vous laisser savoir si la pression est inconfortable et vérifiez de temps en temps.

Lorsque vous changez de position, faites-le une main à la fois afin de toujours maintenir un contact avec le client.

Laissez les mains caler

Une fois les mains placées sur une position, laissez vos mains caler énergétiquement dans le champ énergétique du client. Imaginez qu'elles pénètrent dans le corps. Ceci approfondira la connexion et aussi l'expérience du client et l'énergie passera encore plus. Respirez profondément en ce faisant et maintenez votre enracinement.

Percevoir et ressentir

Il se peut que vous ressentiez l'énergie qui passe en donnant un traitement et/ou que vous receviez ou perceviez de l'information en travaillant. Ceci est secondaire au fait d'être présent.

La plupart d'entre nous avons un fort besoin de savoir, ressentir ou percevoir, sinon nous mettons en doute nos habiletés, notre estime de soi et l'efficacité du traitement. Lorsque nous cherchons trop, nous n'apprécions pas ou mettons de côté les choses que nous percevons parce que cela ne ressemble pas à ce que nous nous attendions. Ceci est un cercle vicieux; plus nous essayons de percevoir, moins nous sommes conscients de ce que nous percevons, car notre attention est ailleurs.

Il y a en fait au moins douze différentes façons de percevoir le champ énergétique selon le chakra qui est à l'écoute et ouvert à recevoir. Ce peut être kinesthésique, émotionnel ou intuitif. Cela peut se ressentir comme de l'amour, un goût, une odeur ou un son, ou encore, une forme, une vision ou des couleurs. Cela peut être des images, des symboles ou des formes perçues sur l'écran mental qui se présentent en travaillant. Ce peut aussi être un savoir direct.

Je n'ai longtemps pas ressenti le flux énergétique et toujours espéré voir le champ. Même si je ne ressentais pas beaucoup, je témoignais des résultats chez les clients et ceci m'incitait à continuer. Plus je m'abandonne à ne pas savoir, plus je semble ressentir et percevoir. Je suis souvent surpris lorsque je ne cherche rien. Heureusement, je n'ai pas attendu de voir et de ressentir avant de commencer à traiter.

Je me rends compte que mes sens les plus développés sont l'habileté de ressentir des émotions, mon intuition et mon sens du savoir direct. Il arrive que j'aie une image sur mon écran mental en travaillant sur un endroit particulier (muscle, organe, os, etc.). Récemment, j'ai commencé à voir des couleurs autour de mes clients ou voir leurs mains changer de couleur lorsqu'ils les bougent en parlant. Par contre, ceci n'est pas encore assez développé pour m'être utile.

Nous avons tous notre façon unique de percevoir l'énergie et ceci se développe de plus en plus en prenant de l'expérience.

Endroits froids ou chauds

Une question qui m'est souvent posée est : « Qu'est-ce que ça veut dire, ressentir le froid ou la chaleur à un endroit ? »

Si l'endroit est chaud, ça veut généralement dire que l'énergie du Reiki est absorbée. Plus vous ressentez de la chaleur, plus il y a d'énergie qui passe.

Si l'endroit est froid, il se peut qu'il y ait un blocage et que l'énergie ne soit pas absorbée ou qu'elle soit repoussée. C'est ce qui se produit lorsqu'un chakra est « fermé » ou en protection et qu'il repousse ou résiste à l'énergie. Les muscles dans un endroit tendu sont en contraction et ceci diminue la circulation sanguine. L'endroit va alors être plus froid au toucher.

Un endroit froid peut aussi signifier une perte énergétique. Les articulations des chevilles, genoux et épaules sont des endroits où l'énergie peut fuir du champ énergétique.

Information reçue; la partager ou non ?

Si vous recevez ou percevez de l'information en donnant un traitement, elle peut se présenter sous différentes formes, soit factuelle ou symbolique.

Lorsque vous ressentez ou recevez de l'information, la première chose à faire est de poser la question « Est-ce que cette information est pour moi ou pour mon client, ou les deux ? » Par exemple, vous êtes au troisième chakra et vous ressentez une nausée. Il se peut que le client ne le ressente pas et que ce soit relié à un enjeu du passé. Il se peut aussi qu'être en contact avec ce chakra fait monter quelque chose dans votre propre processus. Il se peut que ce soit un enjeu qui concerne à la fois vous et le client. Poser la question peut permettre d'obtenir de la clarté. Si c'est clair que cela ne vous appartient pas, simplement le noter et ne pas l'interpréter, car vous ne pouvez savoir ce que cela veut dire pour le client.

Alors, la question se pose : « Est-ce que je partage cette information ou non ? » Ça dépend si l'information est utile pour le client et si c'est le bon moment pour la partager. Il est important de vérifier si vous la partagez pour le bénéfice du client ou si c'est votre ego qui veut impressionner le client. C'est un bon moment pour faire appel au Témoin.

Si la réponse n'est pas claire, soyez prudents et ne partagez pas pour le moment. Si vous pensez que c'est bon de la partager, vous pouvez le faire de cette manière « Quand j'étais à cette position, j'ai ressenti ceci, ou cela m'est venu à l'esprit. Je ne sais pas ce que ça veut dire mais c'est peut-être significatif pour vous. » Souvent, les clients vont me demander ce que j'ai ressenti durant le traitement. S'il arrive que je n'aie rien à partager, je leur dis tout simplement que rien ne s'est présenté.

Positions et traitements

L'annexe A illustre les positions pour donner un traitement de Reiki. Le protocole de base est généralement le même, mais peut varier d'un enseignant à l'autre ou d'un livre à l'autre. Les positions standard sont sur les chakras et les articulations principales parce que ce sont les endroits où l'énergie pénètre le plus facilement dans le champ énergétique.

Il est suggéré de garder les mains sur une position de trois à cinq minutes. À mesure que vous gagnez de l'expérience, vous suivrez votre intuition de plus en plus et ajusterez les positions et le temps selon le besoin.

Gardez vos doigts ensemble et la paume ouverte en donnant du Reiki. Imaginez une araignée morte, complètement à plat sur la position avec toutes les parties de la main en contact avec le corps. Rappelez-vous de garder un toucher ferme pour permettre au client de bien vous ressentir. Cette présence est surtout importante pour une personne ayant une blessure d'abandon.

Se traiter soi-même

Les positions que j'enseigne pour se traiter soi-même sont indiquées ci-contre, avec le chakra correspondant.

Si vous faites toutes les positions pendant la durée suggérée de trois minutes, le traitement prendra environ 50 minutes. Il est toujours préférable de faire toutes les positions avant de traiter les autres parties du corps qui vous attirent. Ceci nettoie et prépare le champ pour un travail plus profond. Si vous n'avez pas assez de temps, donnez-vous un traitement plus court.

Pour les novices : Si vous n'avez pas encore été initié au Reiki, essayez quand même ces positions en alignant votre intention pour la guérison. Vous allez probablement ressentir de la chaleur dans vos mains ainsi qu'un sentiment de bien-être.

Une fois que vous vous êtes enraciné, que vous avez respiré dans vos chakras et aligné votre intention, utilisez les symboles si vous en avez appris avant de commencer le traitement.

<u>Le devant du corps – 13 positions</u>

- Tête (couronne), 7e chakra
- Couvrir les yeux (3e œil), 6e chakra
- Tempes, 6e chakra
- Arrière de la tête, 6e chakra
- Arrière du cou, haut des épaules, 5e chakra
- Cou, 5e chakra
- Cœur, 4e chakra
- Plexus solaire, 3e chakra
- Bas du ventre, juste en haut du pubis, 2e chakra
- Racine, mains sur les aines, 1er chakra
- Genoux
- Chevilles (sur l'articulation)
- Plantes des pieds

<u>Arrière du corps – 3 positions</u>

Réactivez vos symboles avant de commencer le dos.

- Arrière du plexus solaire, 3e chakra

- Bas du dos, région lombaire, 2e chakra
- Racine, main sur le sacrum et le coccyx, 1er chakra

Ajoutez ensuite les autres positions en besoin - organe, blessure, chirurgie, tension musculaire, douleur, etc.

<u>Balayage</u>

Après avoir complété toutes les positions, faites un nettoyage final en balayant l'aura avec vos mains de la tête aux pieds deux ou trois fois pour envoyer toute énergie stagnante restante à la Terre ou l'Univers.

<u>Compléter le traitement</u>

Une fois que vous avez terminé, honorez-vous pour ce travail ainsi que pour le temps que vous vous êtes accordé. Remerciez la Source pour son énergie.

Traiter une autre personne

Les positions que j'enseigne pour donner un traitement à une autre personne sont indiquées ci-contre avec le chakra correspondant. Ces positions diffèrent un peu du traitement sur soi. La couronne est omise, mais elle peut être ajoutée si vous le désirez.

Il est suggéré de vous laver les mains avant et après le traitement pour une question d'hygiène et pour nettoyer l'énergie.

Si vous faites toutes les positions pendant la durée suggérée de trois minutes, le traitement prendra environ 45 minutes. Vous pouvez donner un traitement plus court si le temps disponible ne permet pas de donner un traitement complet.

Une fois que vous vous êtes enraciné, que vous avez respiré dans vos chakras et aligné votre intention, utilisez les symboles que vous aurez appris avant de commencer le traitement.

Demandez au client de se positionner près du côté de la table où vous travaillez afin que votre dos puisse être aussi droit que possible. Ceci est le côté de votre main dominante qui est vers le bas du corps (si vous êtes droitier, vous vous placez sur le côté droit, si vous êtes gaucher, vous vous placez sur le côté gauche).

Pour les premières positions, prenez position à la tête du client. Lorsque vous travaillez sur le côté, placez votre main dominante en avant de votre main non dominante. Ceci facilitera la transition à la position sur les aines pour traiter le chakra racine (voir les photos à l'annexe A).

Rappelez-vous de laisser vos mains caler dans le champ énergétique et de vérifier périodiquement votre enracinement et votre présence.

Devant du corps – 11 positions

- Couvrir les yeux (3e œil), 6e chakra (utilisez une pression légère à cet endroit)
- Tempes, 6e chakra
- Arrière de la tête, 6e chakra
- Cou, 5e chakra (utilisez une pression légère à cet endroit)
- Cœur, 4e chakra
- Plexus solaire, 3e chakra
- Bas du ventre, juste en haut du pubis, 2e chakra
- Racine, mains sur les aines, 1er chakra

- Genoux
- Chevilles (sur l'articulation)
- Plantes des pieds (sur le point du plexus solaire)

Arrière du corps – 4 positions

Réactivez vos symboles avant de commencer le traitement du dos si vous les utilisez.

- Arrière du cœur, 4e chakra
- Arrière du plexus solaire, 3e chakra
- Bas du dos, région lombaire, 2e chakra
- Racine, main sur le sacrum et le coccyx, 1er chakra

Donnez ensuite du Reiki à toute position en besoin demandée par le client ou qui vous attire (organe, blessure, chirurgie, tension musculaire, douleur, etc.).

Balayage

Après avoir complété toutes les positions, faites un nettoyage final en balayant l'aura avec vos mains de la tête aux pieds deux ou trois fois pour envoyer toute énergie stagnante restante à la Terre ou l'Univers. Faites un balayage au centre et un autre sur chaque côté du corps.

Compléter le traitement

Une fois que vous avez terminé, placez une main au chakra de la couronne et l'autre au chakra racine et séparez vos mains tout en reculant de deux ou trois pieds. Déconnectez-vous énergétiquement en mettant vos paumes face au client avec l'intention de lui redonner la responsabilité de la guérison. Honorez-vous et remerciez.

Laissez le client intégrer pour quelques minutes avant de l'inviter à se lever. C'est une bonne idée d'offrir de l'eau.

Traitement mental/émotionnel (deux positions)

Ce traitement en deux positions peut être très efficace. Il peut être utilisé lorsque le temps est limité ou comme alternative au traitement complet. La première position se fait avec la main dominante sur le front et l'autre sur l'arrière de la tête. La deuxième position se fait avec les deux mains en coupe sur l'arrière de la tête. Chacune des positions est d'une durée de dix minutes.

Comme pour un traitement standard, préparez votre champ énergétique en vous enracinant et en respirant dans vos chakras et utilisez les symboles que vous avez appris avant de commencer.

Complétez le traitement en faisant le balayage et la déconnexion de la manière décrite précédemment pour un traitement standard.

Ce que j'aime de ce traitement, c'est sa simplicité. Il y a seulement deux positions à se rappeler et à suivre. Ceci nous libère encore plus pour être présent. Vous serez surpris de voir ou ressentir l'énergie circuler et se rendre où elle a besoin d'aller. Mes étudiants de deuxième niveau sont souvent émerveillés par la profondeur de la détente et l'intensité de cette façon de traiter. C'est une bonne confirmation de l'efficacité du Reiki dans n'importe quelle position.

Traitement rapide

Une autre façon simple et plaisante de traiter est le « traitement rapide ». On impose les mains sur les épaules et ensuite sur chacun des sept chakras majeurs pendant une courte durée (de quelques secondes à une minute). Ce traitement est plus facile à faire lorsque la personne est assise sur le bord d'une chaise afin que vous ayez accès au devant et à l'arrière du corps. C'est un bon traitement à utiliser au bureau ou à la maison quand quelqu'un est stressé ou a un mal de tête, par exemple.

Encore une fois, prenez le temps de vous enraciner et de respirer dans vos chakras.

Voici les positions :

Mettez-vous debout derrière le client et faites les deux premières positions.

- Épaules (à deux mains)
- Couronne, 7e chakra (à deux mains)

Placez-vous ensuite sur le côté avec une main sur le devant et l'autre sur l'arrière du corps pour faire les positions suivantes :

- 3e œil, 6e chakra (une main sur le front et l'autre sur la nuque)
- Cou, 5e chakra
- Cœur, 4e chakra
- Plexus solaire, 3e chakra
- Bas du ventre, juste en haut du pubis, 2e chakra
- Racine 1er chakra (une main entre les genoux qui envoie de l'énergie au chakra racine et l'autre sur le sacrum).

Complétez le traitement en vous reculant et en vous déconnectant énergétiquement du client, honorez-vous et remerciez.

Traitement en n'importe quelle position

Le Reiki peut être efficace sur une seule position, par exemple, lorsque vous accompagnez quelqu'un qui est au lit et que vous lui tenez la main tout en faisant passer le Reiki, ou si vous traitez une blessure.

Traitement à distance

Comme la physique quantique nous le démontre, tout est énergie et nous sommes tous interreliés. Nous pouvons donc nous connecter à quelqu'un simplement en utilisant notre intention. Au niveau 2, un symbole est enseigné pour se brancher à distance.

Quand vous envoyez du Reiki à distance, tout ce dont vous avez besoin de savoir est à qui ou quoi vous avez l'intention de faire (personne, objet, situation mondiale, animal ou la Terre Mère). Vous pouvez utiliser une photo pour vous aider à vous sentir mieux connecté, mais cela n'est pas nécessaire.

Un traitement à distance traditionnel prend de dix à quinze minutes, mais il peut durer plus longtemps.

Traitement à distance pour des individus

Permission

Vous devez avoir la permission de la personne ou de l'objet avant d'envoyer du Reiki pour respecter le libre arbitre et ne pas vous imposer.

Il est préférable d'avoir la permission verbale et que la personne qui reçoit soit présente à elle-même, dans un état de repos. Ceci rend la personne plus disponible aux prises de conscience, ressentiments ou autres sensations durant le traitement. Si cela n'est pas possible, par exemple si la personne n'est pas disponible, n'a pas été contactée, est dans un coma ou décédée, un traitement peut être envoyé si une permission non verbale est obtenue tel que décrit ci-contre.

Même si vous avez obtenu la permission verbale, il est recommandé de demander la permission non verbale (de l'âme, par télépathie).

Comment demander la permission

Fermez les yeux et demandez « Est-ce approprié pour moi et est-ce que j'ai la permission en ce moment d'envoyer un traitement à distance à (nom de la personne). » Gardez les yeux fermés et attendez la réponse. La réponse peut se présenter comme un « oui » ou « non » ou en forme de symbole que vous interprétez comme un oui ou un non. Exemple — un lever de soleil, une porte qui s'ouvre, une lumière ou un sentiment de bien-être qui pourrait représenter un « oui » ou une porte qui ferme, un froid ou de la noirceur qui pourrait vouloir dire « non ». Faites confiance à votre ressenti et agissez en conséquence.

Si vous n'obtenez pas de réponse, vous pouvez demander que le traitement soit reçu de libre arbitre et que l'énergie du Reiki serve à autre chose si la personne ne veut ou ne peut pas recevoir en ce moment. Ce qui est important est de respecter le libre arbitre de la personne et ne pas être victime de l'ego qui aimerait changer ou guérir l'autre personne.

Si la réponse est « Oui »

Utilisez votre cuisse ou un autre objet tel qu'un toutou (une peluche) pour représenter la personne. La cuisse ou l'objet sert de point de focalisation et vous garde présent. Si vous utilisez votre cuisse, la cuisse droite peut représenter le devant du corps et la gauche, l'arrière du corps. Vous pouvez aussi visualiser la personne en miniature entre les paumes de vos mains.

Préparez-vous de la même façon que si vous donniez un traitement en personne et activez les symboles que vous avez appris. Imposez vos mains sur le « devant » du corps pour environ sept minutes et ensuite sur « l'arrière » du corps pour environ sept minutes. Réactivez vos symboles avant de faire « l'arrière ».

Vous pouvez aussi donner du Reiki sur chacune des positions comme si la personne était avec vous. Ceci prendra plus de temps parce que vous allez faire toutes les positions mais peut vous permettre une connexion plus profonde avec la personne et vous donner l'occasion de recevoir plus d'information durant le traitement.

Expérimentez avec ces deux façons et voyez laquelle vous convient le mieux.

Fin du traitement

Une fois que vous avez terminé toutes les positions, placez vos mains l'une en face de l'autre et ramenez-les ensemble jusqu'à ce qu'elles se touchent pour vous déconnecter énergétiquement. Si vous sentez une résistance, arrêtez, et rassurez la personne télépathiquement. Continuez ensuite jusqu'à ce que vos mains se touchent.

Lorsque vous avez terminé, honorez-vous et remerciez.

N'oubliez pas l'échange.

Reiki à distance à des situations, évènements mondiaux, etc.

Si vous envoyez du Reiki à des situations ou des évènements mondiaux, vous n'avez pas besoin de permission parce que vous envoyez du Reiki à un collectif. Vous pouvez tout simplement demander la permission d'envoyer au collectif. Le Reiki agira sur le collectif pour le plus grand bien de tous ceux qui en font partie. Généralement, la situation évoluera plus harmonieusement et avec moins de conflits.

Autrement, le traitement se fait de la même manière que celle décrite précédemment pour un individu.

Traiter les enfants

Les enfants sont plus réceptifs à l'énergie et l'absorbent facilement; ils ont moins de résistance et sont plus intuitifs et spontanés. Un traitement pour un enfant peut être plus court et tout aussi efficace.

Comme le Reiki est une énergie d'amour inconditionnel transmise par le toucher, il approfondit le lien entre l'enfant et le parent. Il augmente l'efficacité de la réaction instinctive d'un parent de mettre une main sur une blessure ou une plaie. L'effet calmant du Reiki aide à un enfant à s'endormir plus rapidement.

Un enfant vous laissera probablement savoir quand il a reçu assez d'énergie sur une ou plusieurs positions. Une main peut couvrir plusieurs positions selon la taille de l'enfant.

Un enfant *in utéro* peut être traité en posant les mains sur le ventre de la mère.

Traitements en groupe

Le traitement en groupe est une belle façon de partager le Reiki avec d'autres personnes ou de donner un traitement intensif à une seule personne. Les traitements à la

Clinique du Dr Hayashi étaient souvent donnés par plusieurs praticiens à la fois.

Un traitement en groupe se fait avec plusieurs personnes sous la « direction » de l'une d'entre elles qui coordonnera le changement de position. C'est souvent ce qui est fait lors des partages de Reiki dans lesquels chacun des participants reçoit et donne tour à tour. Avoir autant de mains chaudes sur le corps est une belle expérience.

Pour commencer un traitement en groupe, les participants font un exercice de centrage - une méditation, un OM ou une respiration - et alignent leurs intentions pour le plus grand bien de la personne. Une personne se couche sur la table alors que les autres se placent autour de la table. La personne à la tête coordonne le début et les changements de positions et garde le temps.

Par exemple, si trois personnes traitent une personne sur la table, elles se placent comme suit :

- Une personne à la tête qui traite la position des yeux, les tempes, l'arrière de la tête et le cou.

- La deuxième se place sur le côté pour traiter le thorax, le cœur, le plexus solaire, le sacré et la racine.

- La troisième se place au bas du corps et traite les genoux, les chevilles et les pieds.

Le dos peut être fait ou non, selon le choix des participants.

Le principe de l'échange est automatiquement respecté car tous donnent et reçoivent.

Traiter les animaux

Les animaux répondent très bien au Reiki. Puisqu'ils ont un système de chakras semblable à celui des humains, des positions similaires peuvent être utilisées, soit les chakras principaux et les articulations. Comme les enfants, les animaux vont vous laisser savoir en s'éloignant quand ils en ont reçu suffisamment.

Les mains peuvent couvrir plusieurs positions selon la taille de l'animal. On peut tenir les petits animaux dans les paumes des mains. Les animaux en cage peuvent être traités en plaçant les mains de chaque côté de la cage et en envoyant le Reiki ainsi.

J'ai offert de traiter le chien d'un voisin qui souffrait d'une hernie discale. Il ressentait tellement de douleur qu'il ne me laissait pas l'approcher. Alors, je l'ai traité à distance en m'asseyant à ses côtés. L'effet fut immédiat. Il s'est calmé, s'est couché sur le plancher et l'effet du traitement a duré plusieurs jours.

Ce site Internet illustre très bien le système de chakras des animaux (voir aussi l'annexe A) :

<www.patinkas.co.uk/Chakra_System_of_Animals/chakra_system_of_animals.html>

Traiter les plantes, les jardins et les espaces

Traitez les plantes en plaçant vos mains autour d'elles ou en envoyant du Reiki avec vos paumes. Traitez un jardin ou une pièce de la même manière, soit en envoyant du Reiki avec vos paumes face à ce que vous traitez.

Fréquence des traitements

À quelle fréquence traiter une personne ? Ceci dépend de plusieurs facteurs, tels que la sévérité, la disponibilité du praticien et de la personne, etc.

Idéalement, l'effet sera plus prononcé si les traitements sont rapprochés au début et ensuite faits à intervalles réguliers. Certains livres suggèrent de donner un traitement par jour pendant quatre jours consécutifs pour bien amorcer le processus de guérison.

Si je travaille avec une condition grave telle que le cancer, je recommande que la personne reçoive un traitement deux fois par semaine, selon la sévérité.

En général, je suggère qu'une personne reçoive un traitement de quatre à six fois pour donner une chance au champ énergétique de se stabiliser et à la personne, la chance de bien en ressentir les effets.

Après ces quelques traitements, il est bien de recevoir des traitements à intervalles réguliers plus espacés pour donner un soutien continu et réduire la chance de récidive. La fréquence peut être ajustée au besoin du client sans toutefois créer de dépendance.

Effets du traitement

Les clients se lèvent habituellement de la table détendus et comme s'ils s'éveillaient d'un sommeil profond. L'espace temps a disparu.

Puisqu'il y a un contraste assez important entre l'état du champ énergétique avant et après le traitement, il arrive souvent que la personne ressente le besoin de se reposer durant les jours qui suivent alors que le corps se nettoie des toxines libérées lors du traitement. L'énergie stagnante libérée des blocages peut faire en sorte que les endroits tendus deviennent plus sensibles pour un certain temps. C'est ce qu'on entend par une crise de guérison qui se vit alors que le corps s'ajuste. Normalement, ceci s'estompe après un ou quelques jours. Il est bon de se reposer et de boire beaucoup d'eau pour aider les toxines à s'épurer.

À mesure que le champ énergétique devient équilibré et que les chakras s'ouvrent, l'expérience de vie de la personne est touchée de façon positive parce que les chakras sont des portes à travers lesquelles elle entre en relation avec son environnement. Il arrive parfois que les réactions soient exagérées avant de se stabiliser et se normaliser. Un de mes clients s'est surpris losrqu'il a fortement réprimandé une personne qui l'irritait. Son habitude avait été de ne pas prendre son espace ni d'exprimer ses besoins. Ceci est arrivé seulement une fois alors qu'il s'ajustait à cette nouvelle façon d'être en relation.

Suivre le progrès de la guérison

Après avoir complété ma formation à l'école de Barbara Brennan, j'ai créé la Méthode de suivi des chakras sur diagramme© pour suivre le progrès de la guérison sur diagramme et graphique. Cette méthode novatrice et à la fine pointe de la technologie fera l'objet d'un prochain livre. Vous pouvez en avoir un aperçu sur mon site Internet <rolandberard.com/Production/FR/charteGuerison.htm>.

Le logiciel y est aussi disponible. La méthode donne un suivi visuel et confirme les changements dans le champ énergétique à mesure qu'il devient de plus en plus harmonieux. Cet outil peut servir de pont entre le praticien de Reiki et les autres professionnels de la santé.

Protection et nettoyage de l'aura

Les débutants en Reiki sont souvent inquiets d'être affectés par le mal-être du client, que ce soit la maladie, les énergies négatives ou le trauma.

 Ceci est peu probable à moins que votre dynamique personnelle soit de prendre les autres en charge ou d'avoir de la difficulté à dire non et de créer des limites saines.

Vous n'êtes pas responsable pour la guérison des personnes que vous traitez et cela ne reflète pas votre compétence si « rien ne se passe » durant un traitement. Votre seule responsabilité est d'être présent avec une intention claire d'être un canal pour leur plus grand bien. Le reste leur appartient. Il serait bon d'ajouter cette « clause » en alignant votre intention en vous préparant à donner un traitement.

Souvenez-vous que l'énergie passe du champ le plus fort au champ le plus faible. L'initiation au Reiki agit aussi comme protection parce qu'elle augmente votre taux vibratoire. De plus, si vous avez bien préparé votre champ en vous enracinant et en respirant dans vos chakras, il est fort probable que votre champ énergétique soit dans un état plus harmonieux et en plus haute vibration que celui de la personne que vous traitez, Vous avez aussi aligné vos intentions afin que l'énergie soit transmise à la personne traitée. Tout ceci agira comme protection contre les transmissions énergétiques négatives.

Certains praticiens ressentent par leur corps ou leurs émotions ce que la personne ressent. Il s'agit d'un outil de perception utile, mais une fois l'information reçue, on doit la laisser aller sans avoir peur que la personne la reprenne. Faites confiance au traitement et aux résultats selon son cheminement de guérison.

106

Si vous croyez avoir retenu quelque chose, voici quelques façons de vous nettoyer :

- Vérifiez si ce que vous ressentez est exactement ce avec quoi la personne est arrivée et alignez clairement votre intention de le laisser aller dans la terre ou dans l'univers;

- Faites un balayage de votre aura;

- Utilisez de la sauge blanche ou de l'encens pour purifier votre aura;

- Changez de vêtement ou prenez une douche;

- Imaginez une pluie violette qui lave votre aura de toute énergie indésirable;

- Laissez-le passer dans votre expiration;

- Prenez un bain de sel et de bicarbonate de soude. Le sel électrolyse l'eau et enlève la charge et le bicarbonate de soude rend l'eau alcaline, ce qui aide aussi à nettoyer. Barbara Brennan suggère d'utiliser jusqu'à 450 grammes de chacun des ingrédients dans une eau pas trop chaude. (Brennan, 1995, p. 164) (Maintenant vous comprenez pourquoi vous vous sentez si bien après vous être baigné dans l'océan.)

Si la situation persiste, je recommande que vous consultiez un thérapeute pour vous aider à regarder votre dynamique. J'ai souvent travaillé avec des personnes qui ont réalisé comment leur difficulté d'établir des limites saines faisait en sorte qu'elles prenaient sur elles les problèmes des autres. Elles se sont senties libérées une fois que cette dynamique a été transformée et qu'elles avaient appris à laisser aux autres la responsabilité de leur vie.

Espace de traitement et accessoires

Espace de traitement

Si vous pouvez vous permettre une salle de traitement, vous pouvez rendre cet endroit sacré. L'ambiance fera du bien à vous et vos clients. Placez-y des objets sacrés, des couleurs et des photos inspirantes. Les murs de mon cabinet sont peints selon les couleurs des chakras et les clients le ressentent dès qu'ils entrent. Si vous utilisez cet espace uniquement pour faire des traitements, l'énergie de guérison restera pure et se renforcera au fil du temps.

Par contre, on peut donner du Reiki n'importe où. Ne vous privez pas de donner des traitements pour la seule raison de ne pas avoir une salle de traitement.

En tant que praticien, vous vous sentirez mieux avec un cabinet. Il est plus facile de maintenir des limites saines avec les clients dans un espace professionnel. J'ai déjà reçu des clients chez moi, mais j'ai cessé cette pratique après avoir réalisé que ceci affaiblissait ses limites.

Il se pourrait que vous ayez à nettoyer l'espace de temps en temps. Ceci peut être fait en utilisant de la sauge blanche, de la cire d'abeille ou de l'encens, ou en brûlant des sels Epsom imbibés d'alcool pur. Assurez-vous de nettoyer aussi les coins qui sont des endroits où l'énergie négative a tendance à se concentrer.

Équipement

Table

Un comptoir de cuisine, un dessus de table, un lit ou une table pliante peuvent très bien être utilisés pour donner un soin. Par contre, la hauteur n'est pas ajustable et ce pourrait ne pas être confortable. Si vous utilisez une table pliante, assurez-vous que les pattes sont bien barrées. Certaines ont une barrure qui se met en place automatiquement une fois la table mise sur pied.

Aujourd'hui, des tables portables et légères de bonne qualité sont disponibles à coût raisonnable. Assurez-vous de vérifier le poids si vous avez à la déplacer souvent.

Choisissez une table qui est assez large pour accommoder les bras du client sans qu'ils tombent sur les côtés. J'aime bien une largeur de 70 cm. Assurez-vous aussi que la table soit solide. Celles qui ont des câbles intégrés aux supports ont une bonne capacité. Vérifiez les serre-joints pour vous assurer qu'ils ne peuvent se dévisser facilement et que la table s'effondre. J'aime bien ceux qui ont deux boulons ou qui ont des surfaces encastrées qui peuvent éviter l'effondrement si jamais les attaches se dévissent. Vérifiez toujours la table avant que la personne monte dessus.

Un appui-tête et un support pour les avant-bras ajouteront au confort de la personne.

Coussins, supports pour les jambes et couvertures

Les petites choses peuvent faire une grande différence pour votre clientèle. Voici quelques suggestions :

On peut améliorer le confort en plaçant un support sous les genoux lorsque la personne est couchée sur le dos pour réduire la tension dans le bas du dos, et un autre sous les chevilles lorsqu'elle est sur le ventre pour soulager les tensions dans les chevilles. Un petit oreiller sous la tête réduit les tensions au cou.

La température du corps baisse quand une personne est immobile pendant un moment. Alors, il est bon d'avoir une couverture tout près. J'ai des couleurs de couvertures correspondant aux couleurs des chakras et les clients sont contents de pouvoir choisir la couleur selon leur état intérieur. Ils choisissent souvent, sans le savoir, la couleur associée au chakra qui a besoin d'attention !

Puisque la personne garde ses vêtements, il n'est pas nécessaire de changer le dessus de la table à chaque traitement comme on le fait en massage. Certains praticiens préfèrent quand même le faire pour séparer les énergies d'une personne à l'autre. D'autres utilisent des taies d'oreiller lavables ou jetables.

Une fois la personne installée confortablement sur la table, je suggère d'étirer les bas de pantalons pour enlever les plis sous les genoux.

Créer une ambiance favorable

Tout ce que vous pouvez faire pour aider la personne à se détendre aide au traitement. Une lumière tamisée (n'utilisez pas les fluorescents), les couleurs, les chandelles, l'encens et la musique contribuent à une ambiance propice à rendre la personne plus détendue et plus disponible à recevoir. Les cloches tibétaines (Tingshas) ou les bols tibétains nettoient et harmonisent un espace.

L'encens purifie l'espace d'énergie négative et le remplit d'un parfum inspirant et plaisant. Si vous utilisez de l'encens, prenez-en un de bonne qualité et qui n'est pas parfumé de façon artificielle. J'utilise de l'encens fabriqué en Inde ou au Népal; mon préféré est le Nag Champa disponible dans les magasins d'alimentation naturelle et dans certaines pharmacies. Soyez aussi conscient que certaines personnes sont allergiques à l'encens.

Utilisez l'encens avec discrétion, pour quelques minutes seulement avant l'arrivée du client. Au début de ma pratique, je brûlais de l'encens durant toute la durée du traitement. La salle se remplissait de fumée et l'odeur devenait insupportable. J'ai vite appris qu'un peu d'encens suffisait.

La musique aide à la détente mais il est bon de vérifier auprès des clients parce que certaines personnes préfèrent le silence. Utilisez une musique sans parole ou d'un langage différent afin de minimiser les distractions. La musique de Mozart a souvent été dite bénéfique pour la guérison. Vous pouvez consulter ma sélection de musique sur mon site Internet.

L'annexe D renferme quelques sélections de musique.

Résumé du chapitre 4

Le praticien doit prendre plusieurs facteurs en considération en donnant un traitement. Le praticien, en recevant un client, se positionne automatiquement dans un rôle de thérapeute, avec toutes les responsabilités qui s'ensuivent. Il est bon de se familiariser avec ce qui pourrait se présenter même si une personne ne pratique pas de façon professionnelle.

La relation entre le praticien et le client est le facteur le plus important dans l'efficacité d'un traitement, bien au-delà des techniques utilisées. La présence du praticien à lui-même et à son client joue un rôle crucial dans cette relation.

Un client donne beaucoup de pouvoir au praticien en venant vers lui. En étant conscient de ceci, le praticien peut agir pour l'accompagner dans son cheminement et lui remettre son pouvoir au fil des séances, sachant que la guérison vient de l'intérieur et que le client a tout ce qu'il faut pour l'amener sur ce chemin. Le travail devient donc une collaboration entre les deux et le client reste engagé à son processus plutôt que d'être « réparé » par le praticien.

Pour se préparer à la rencontre, le praticien commence par prendre contact avec lui-même pour voir ce qui est présent avec l'intention de mettre de côté tout ce qui peut nuire à sa présence. Il aligne son intention en vue d'être un canal pur et complètement présent pour le plus grand bien du client.

Le praticien doit lâcher prise sur les résultats et se rappeler qu'il ne contrôle pas le processus de guérison mais qu'il offre plutôt une énergie bienfaisante qui peut être intégrée par le client à son propre rythme. Il doit simplement laisser faire l'énergie et faire confiance au processus et au client.

La préparation du praticien, l'ambiance, le toucher, l'équipement et les accessoires peuvent tous avoir un effet positif sur la séance.

À la suite de la séance, le praticien remet la responsabilité de guérison au client et ne retient rien en lui de ce qui s'est passé ou de ce qu'il aurait ressenti durant le traitement. Si jamais le praticien en ressent le besoin, il existe des façons efficaces de nettoyer le champ après une séance.

.

CHAPITRE 5

INTÉGRATION DU REIKI DANS LA VIE ET DANS L'ENVIRONNEMENT DE TRAVAIL

Ce chapitre explore les différentes façons d'intégrer le Reiki dans la vie.

Le Reiki dans votre vie

Pratique journalière

Il est fort possible que vous preniez goût au Reiki en vous en donnant pendant les 21 jours suivant votre initiation. Vous commencerez à l'utiliser de plus en plus dans votre vie. Votre champ énergétique reste plus équilibré lorsque vous vous donnez du Reiki régulièrement, ce qui a un effet concret sur votre vie.

Vous pouvez aussi penser à envoyer du Reiki à tous les jours à une ou plusieurs situations mondiales, à votre famille et à vos amis.

Activités courantes

Si vous utilisez souvent le Reiki, il devient une seconde nature. Vous pourrez alors développer l'habitude d'envoyer du Reiki à vos activités à l'avance.

Lorsque j'œuvrais comme directeur de projets en ingénierie, j'envoyais du Reiki à distance aux réunions auxquelles je devais participer ou animer. J'envoie aussi du Reiki à l'avance lorsque j'enseigne ou que je donne une formation. Je le fais également lorsque je reçois un soin ou une thérapie pour soutenir le Soi Supérieur de toutes les personnes concernées. J'envoie du Reiki à l'avance si j'ai à rencontrer des amis ou collègues, surtout si je suis un peu inquiet ou anxieux par rapport à ces rencontres.

J'utilise le Reiki à tous les jours. En écrivant ce livre, je donne régulièrement du Reiki à mon activité afin que je puisse être inspiré et que je puisse écrire sans effort.

Avec des amis et collègues

Les partages et échanges de Reiki sont une bonne façon de rester en contact avec les amis et les collègues. Tout groupe de personnes désirant pratiquer peut se rassembler pour un partage. Des partages sont souvent organisés par un Maître Reiki pour donner une occasion aux praticiens de partager leurs expériences, répondre à leurs questions et méditer avec eux.

Vous pouvez partager avec d'autres praticiens sur Facebook ou d'autres sites Internet; ou même vous créer votre propre blogue.

Se joindre à une association est une autre façon de rester en contact et d'être soutenu dans votre pratique de Reiki.

Le Reiki au travail

L'environnement du travail

Même si vous n'avez pas de pratique officielle de Reiki, il y a plusieurs façons de l'intégrer dans votre environnement de travail. Vous pouvez donner du Reiki à vos dossiers et vos projets, aux réunions, et à vos équipes de travail. Vous pouvez nettoyer les lieux pour enlever l'énergie stagnante avec le Reiki.

Le domaine du génie est généralement assez conservateur et fermé quand il s'agit de spiritualité ou tout ce qui a trait aux émotions, comme le sont la plupart des environnements de travail. J'ai tout de même été surpris de l'intérêt de certains de mes collègues lorsque j'ai osé partager mon expérience du Reiki. Plusieurs ont démontré une curiosité et une ouverture d'esprit. J'ai maintenant plusieurs clients qui sont dans ce domaine.

Votre pratique courante

Le Reiki peut facilement s'intégrer dans votre pratique courante, que vous soyez praticien holistique, dentiste, coiffeur ou autre. En tant que massothérapeute ou autre praticien qui travaille avec le corps, le Reiki aidera votre clientèle à mieux se détendre et agira sur les tensions musculaires.

Le Reiki peut calmer les personnes qui vivent de la peur ou de l'anxiété. Dites-leur que vous avez appris une nouvelle technique et que vous aimeriez leur en faire bénéficier.

Vous allez vous rendre compte que vos mains sont plus chaudes lorsque vous les mettez sur vos clients, même si vous n'alignez pas spécifiquement votre intention de faire passer le Reiki. Votre état d'esprit aura changé après avoir reçu les initiations et traitements et votre clientèle sentira la différence.

Mettre sur pied votre pratique de Reiki

Si vous décidez éventuellement d'ouvrir une pratique professionnelle, cette section vous sera utile.

Le cours de Reiki n'enseigne pas l'éthique professionnelle ni la relation d'aide. Je vous suggère de suivre une formation pour vous préparer aux enjeux qui se présenteront en tant que professionnel accompagnant. Je suggère également de devenir membre d'une association de Reiki.

Envisager ouvrir une pratique peut sembler un grand défi. Faites-vous confiance; nous sommes toujours en apprentissage et en train d'intégrer de nouvelles habiletés et connaissances à mesure que nous gagnons de l'expérience. Parfois, ce que la personne nous présente est ce que nous venons tout juste de traverser dans notre propre vie. Nous pouvons alors l'accompagner et l'aider à le traverser aussi.

Je ris souvent de la blague : « Nous pratiquons parce que nous avons besoin de pratique et les clients sont « patients » parce qu'ils patientent en attendant que nous devenions compétents ! »

Votre entreprise

Une pratique professionnelle est une entreprise et doit satisfaire aux exigences du gouvernement, y compris la déclaration des revenus et le paiement des taxes applicables. L'avantage d'avoir une entreprise est de pouvoir déduire toutes les dépenses reliées au travail. Ceci inclut, entre autres, le bureau (soit une location ou une partie de votre demeure, ou les deux), les fournitures de bureau, l'équipement (téléphone, ordinateurs, logiciels, service internet, etc.), la publicité, le développement des affaires, les voyages et toute formation ou conférence reliées à votre pratique auxquelles vous participez. Vous devez conserver la documentation et les preuves de toutes ces dépenses pendant le temps requis par la loi. Il est recommandé de payer toutes ces dépenses à partir de comptes dédiés à votre entreprise afin de faciliter la tâche de suivi.

Assurance

Si vous avez une pratique professionnelle, il est recommandé de prendre une assurance de responsabilité civile pour couvrir toute éventualité où une personne se blesse dans votre bureau, les pertes dues aux dommages matériels, le vol ou le vandalisme ainsi qu'une autre assurance pour la responsabilité professionnelle en cas de poursuite pour erreurs ou omissions. Si vous pratiquez dans votre demeure, votre compagnie d'assurance doit en être informée. Autrement, votre police d'assurance pourrait être annulée.

Espace de travail – à la maison ou au bureau ?

Il est toujours mieux de voir des clients dans un espace hors votre demeure. Il est parfois possible d'avoir un espace de travail dans une maison ou un appartement qui est séparé de votre espace intime, par exemple un garage converti en bureau, un sous-sol ou une salle près de l'entrée avec salle d'attente et salle de toilette à proximité.

Si cela n'est pas possible, je ne vous encourage pas à travailler à partir de votre demeure. Il devient difficile de maintenir des limites saines entre vous et vos clients dans votre espace intime. Les énergies de la maison et du travail ne sont pas toujours compatibles. Vous ne vous sentirez peut-être pas à l'aise chez vous si vous donnez priorité à l'agencement et au ménage pour vos clients plutôt que pour vos besoins personnels.

L'espace idéal est un bureau séparé de la maison. Vous pouvez alors organiser l'espace et ne pas avoir à le réaménager à chaque jour. L'énergie de guérison se renforcera au fil du temps avec la présence de guides et d'êtres spirituels qui vous assistent.

Il est plus facile de laisser vos préoccupations quotidiennes derrière vous et d'être plus présent à votre clientèle dans un espace complètement séparé. Lorsque vous quittez, il est plus facile de se déconnecter du travail et d'être présent avec vos amis et votre famille.

Quelle valeur vous accordez-vous ?

Combien seront vos honoraires pour vos services ? Quelle valeur vous accordez-vous ? Ceci évoluera à mesure que vous avancez.

Il est certain qu'en tant que nouveau praticien, vous devez établir une clientèle. Vous craignez peut-être que si vous demandez le prix courant, les clients auront des attentes ou ils seront déçus de votre manque d'expérience. Vous êtes peut-être trop exigeant envers vous-même, défi à relever par tous les nouveaux praticiens.

Si vous vous êtes joint à une association de Reiki et que vous avez satisfaits à ses exigences dans le but de vous faire connaître, vous avez déjà accumulé plusieurs heures de pratique. Par exemple, l'association canadienne de Reiki exige 24 heures de pratique avant de reconnaître une personne comme praticien. Ces clients deviendront tout probablement vos premiers clients officiels.

Je vous suggère d'effectuer une recherche sur le prix demandé pour des traitements de Reiki ou d'approches semblables telles que la massothérapie, et d'ajuster votre prix en conséquence. Comme mesure temporaire, vous pouvez offrir un premier traitement gratuit ou à rabais pour attirer et bâtir une clientèle. Vous pouvez ensuite augmenter votre prix à mesure que vous prenez de l'expérience et de la confiance en vous.

Lorsque j'ai commencé à exercer ce métier, j'ai établi un prix en dessous du prix compétitif. Ça m'a pris plusieurs années avant de l'augmenter à un prix qui représente la juste valeur de mes services professionnels. Je préfère avoir moins de clients et avoir un prix juste que de travailler à prix réduit.

Prenez le risque d'établir vos honoraires un peu plus élevés dès le départ et ajustez-les ensuite en cours de route.

Vos limites sur le temps

Si vous faites toutes les positions standard avec une durée recommandée de trois minutes, le traitement prendra environ 45 minutes. Vous devez accorder du temps au début au début de la séance pour recevoir et entendre votre client et à la fin, pour partager, accepter le paiement et fixer le prochain rendez-vous. Le tout pourrait prendre environ une heure et quart. Quand une personne se présente pour une première fois, il est sage d'accorder un peu plus de temps pour prendre l'information, et l'introduire au Reiki. Il faut également tenir compte d'une possibilité de retard si la personne ne connaît pas bien l'endroit ou qu'il y a eu un délai pour trouver un stationnement.

Une fois que vous avez établi la durée normale d'une séance, la gestion du temps devient souvent le prochain défi. C'est plus facile si vous établissez clairement la durée avec les clients au tout début et que vous êtes ensuite ferme, avec douceur, en fin de séance.

Certains clients ont tendance à étirer le temps de différentes façons, souvent pour des raisons inconscientes. Soit qu'une émotion monte en fin de traitement ou bien qu'ils posent des questions ou parlent avant de partir. S'ils n'en sont pas conscients, il leur sera utile de nommer la dynamique pour la rendre consciente. Si cela se passe dans votre bureau, il est fort probable que c'est une dynamique qui se répète aussi dans leur vie quotidienne. Ce serait bénéfique pour eux de l'explorer avec leur thérapeute.

En établissant et en maintenant des limites saines avec vos clients, vous servez de modèle.

Établir votre horaire de travail

Une autre défi à relever au début ma pratique était celui de gérer mon temps entre voir mes clients et effectuer toutes les tâches administratives qui découlent de l'exploitation d'une entreprise : gérance, comptabilité, formation continue, création et organisation des formations et des ateliers, marketing et réseautage, tout en gardant du temps à consacrer à ma famille et à moi-même.

J'avais un bureau disponible sept jours par semaine et je m'y rendais lorsque mes clients me le demandaient. J'avais peur de dire non et de les perdre si je ne me rendais pas disponible. Je travaillais souvent les soirs et les fins de semaine et cela devenait très difficile de planifier du temps structuré pour les autres aspects importants de ma vie personnelle et professionnelle. Je me réjouissais de ne pas avoir de supérieur, mais je n'avais pas beaucoup de temps libre non plus.

Ce fut un grand soulagement lorsque j'ai trouvé le courage de travailler sur une plage horaire raisonnable et seulement certains jours de la semaine. Un bon équilibre était de voir mes clients trois jours par semaine et de réserver les deux autres jours à l'administration et à mes propres besoins, étant donné que j'enseignais souvent les fins de semaine. Finalement, les personnes se sont ajustées facilement aux heures disponibles. J'ai pu réduire mes frais de location de bureau en le louant à d'autres praticiens. C'était une solution gagnant-gagnant.

J'ai réservé un certain nombre de fins de semaine dans l'année à l'enseignement et je les ai planifiées dans le but de les annoncer sur mon site Internet. J'avais alors du temps à consacrer à ma famille et à mes activités personnelles, et je pouvais ainsi les prévoir. C'était beaucoup plus équitable pour tous.

En étant plus rapproché de vos propres besoins, vous allez trouver ce qui est bon pour vous.

Amis et parenté comme clients ?

Une question qui survient souvent est « Est-ce approprié de travailler avec les amis et la parenté ? » Ce peut être bénéfique, mais ce n'est pas facile à cause de toutes les dynamiques sous-jacentes souvent inconscientes. Lorsque vous travaillez avec eux, vous prenez un rôle de thérapeute et votre relation peut changer. Vous aurez peut-être à prendre une distance pour rester objectif.

C'est bien d'échanger avec la famille et les amis de temps en temps en autant que ce soit clair que ce n'est pas une relation thérapeutique mais une occasion d'échange de services.

À un moment donné, vous aurez à décider si vous voulez garder cette personne comme ami ou comme client.

Dossiers clients et formulaires

Vous aurez besoin de dossiers et de divers formulaires pour votre pratique. Vous pouvez trouver des exemples de formulaires sur Internet ou par l'entremise de votre association de Reiki.

Fiche de client

Il est bon de prendre quelques notes sur la séance afin de pouvoir faire un suivi du processus, s'il le faut, avant la prochaine séance. Il importe de noter aussi tout changement dans la prise de médicaments ou la condition médicale.

Vous pouvez réviser vos notes avant la séance et les garder en mémoire au cas où le client parle de ce qui s'est passé durant la séance précédente. Néanmoins, ne laissez pas vos questions et réflexions biaiser la séance. Laissez toute la place et suivez ce que vit le client dans le moment présent. De temps en temps, vous pouvez réviser toutes vos notes et revoir le progrès avec lui depuis le début des traitements. Les clients sont souvent surpris de voir jusqu'à quel point ils ont changé sans s'en apercevoir lorsque vous leur faites part des changements que vous avez observés.

Formulaire d'information du client

Un formulaire d'information à remplir avant la séance par le client fait gagner du temps lors de la première séance et amène le client à réfléchir au pourquoi de sa visite en révisant son historique physique et émotionnel. Ceci débute le processus de guérison. Lorsqu'il arrive dans votre bureau, il en bénéficie d'autant plus parce que le processus est entamé. Dans mon cas, si les clients sont d'accord, ils peuvent remplir un questionnaire détaillé directement sur mon site Internet qui m'est envoyé automatiquement. Autrement, ils peuvent l'imprimer, le remplir à la main et l'emporter lors de la première séance.

Formulaire de consentement

Il est recommandé de faire remplir un formulaire de consentement pour vos dossiers. Dans le cas des enfants mineurs, le parent doit le signer pour vous donner la permission de travailler avec eux. Une recherche sur Internet vous donnera des exemples.

Supervision

L'Univers vous envoie généralement des personnes avec lesquelles vous n'aurez aucune difficulté à travailler, mais il vous garde aussi à la limite de votre croissance. Autant que votre clientèle bénéficie de votre présence, vous bénéficiez de la leur. À mesure que vous développez votre pratique et votre habileté d'être présent avec votre clientèle, vous serez aussi mis au défi et possiblement réactivés dans votre processus personnel.

Nous sommes presque toujours en train de réagir au présent basé sur notre expérience. Lorsque le client le fait envers le thérapeute, on parle de transfert, et lorsque le thérapeute le fait envers le client, on parle de contre-transfert.

Il est important d'en être conscient. Sinon, une personne peut entrer dans votre bureau – elle vous rappelle votre père ou votre mère - et vous allez agir envers elle comme si elle était l'un deux. Ceci ne sera pas dans son meilleur intérêt. Par contre, si vous en êtes conscient, vous pouvez utiliser votre témoin et faire un autre choix. Le contre-transfert est utile pour la personne s'il est nommé. Si cela se produit en présence du thérapeute, il est fort probable que cela se produise dans la vie de tous les jours dans ses relations. Elle peut alors apprendre à le reconnaître et aussi faire un autre choix.

Un praticien de Reiki n'est pas un psychothérapeute, mais être conscient de ces enjeux aura un impact positif sur ses clients.

C'est bien d'avoir des personnes-ressources avec qui vous pouvez explorer les enjeux qui surviennent entre vous et votre clientèle. Ceci vous soutient dans votre croissance. C'est ce qu'on appelle une supervision, normalement faite avec une personne familière avec votre pratique et ses enjeux. Une supervision peut vous aider à travailler ces enjeux pour vous aider à grandir et mieux servir votre clientèle. En plus de vous aider dans votre pratique, cela vous est très bénéfique dans votre vie en général. Une supervision peut se faire sous différentes formes. Souvent, elle se limite à ce qui peut survenir entre vous et vos clients; ce n'est pas une thérapie personnelle, malgré que tout ce qui survient entre vous et vos clients soit relié à votre processus et vos dynamiques. Ce qui monte peut alors être travaillé dans une autre séance avec votre thérapeute.

Vous pouvez aussi participer à une supervision de groupe avec vos pairs, où chacun partage ses expériences et ses défis et s'entraide à clarifier ces enjeux.

Nous avons tous des angles morts qui nous empêchent de voir nos dynamiques personnelles et, par conséquent, il est difficile de les travailler seul. Un superviseur et un thérapeute sont un soutien pour vous. Vous n'avez pas à le faire en solo.

Le coaching et le mentorat

Un mentor peut aussi vous aider à grandir en tant que praticien. Le mentorat peut prendre différentes formes, soit une revue périodique ou un coaching direct en traitant une autre personne. Votre mentor pourrait bien être votre Maître Reiki ou une autre personne pour qui vous avez beaucoup de respect pour sa façon d'enseigner ou de travailler avec ses clients.

Un coach personnel vous aidera à définir vos objectifs et vos buts à moyen et long termes ainsi que les étapes pour les manifester. Un coach pourra vous offrir différents exercices pour vous aider à trouver votre passion et votre énoncé de mission. Souvent, les coachs offrent une séance gratuite afin de vous permettre de les connaître et de décider si la chimie entre vous et leur approche vous conviennent.

Molly, une amie et collègue, et moi avons beaucoup bénéficié de nos habiletés respectives lors d'échanges réguliers pendant une année complète.

License pour pouvoir pratiquer et toucher un client

Certaines juridictions exigent de se procurer une licence ou tout au moins de s'enregistrer pour pratiquer le Reiki et/ou pour toucher une personne.

Assurez-vous de vérifier avec les autorités afin de pratiquer légalement.

Internet et médias sociaux

<u>Site Internet</u>

Une des premières choses que j'ai faites lorsque j'ai décidé d'ouvrir un cabinet fut de me créer un site Internet. Ceci m'a donné l'occasion de clarifier ce que je voulais offrir à mes clients. J'ai tout de suite bénéficié d'une bonne visibilité, étant souvent le premier sur la liste des recherches effectuées par les engins de recherches.

J'obtiens à présent environ de 60 à 65 % de ma clientèle et la plupart de mes étudiants par l'entremise de mon site Internet.

Si vous faites de même pour vous faire connaître, le processus vous aidera à identifier clairement votre unicité en tant que praticien.

Plusieurs sites sont maintenant disponibles sur Internet pour vous aider à construire un site. Certains offrent le service gratuitement et d'autres l'offrent à un prix raisonnable. Éventuellement, vous pourrez demander à un professionnel de le faire pour vous. Il pourra s'assurer que les engins de recherche vous trouvent facilement. Choisissez un concepteur de site qui s'y connaît et qui est familier avec votre domaine.

<u>Blogues</u>

Les blogues sont une autre façon efficace de partager vos points de vue et d'inviter les lecteurs à participer aux discussions et à interagir avec vous. Il est maintenant facile de créer son propre blogue lié à son site Internet.

Médias sociaux

Les médias sociaux tels que Facebook, Twitter et autres sont devenus des moyens très populaires et efficaces de promouvoir une pratique professionnelle.

Quelques suggestions pour le marketing

Je ne suis pas un expert en marketing, mais voici quelques-unes des choses que j'ai faites pour promouvoir ma pratique professionnelle, en plus de mettre sur pied un site Internet.

Réseautage

Pendant plusieurs années, j'étais membre du BNI (Business Network International, http : //www.bni.com). BNI est un club de réseautage très efficace et bien structuré qui se rencontre à toutes les semaines. On peut y apprendre à se promouvoir et il donne l'occasion de rencontrer des gens qu'on ne rencontrerait pas autrement. Les coûts incluent les frais d'adhésion en plus des déjeuners hebdomadaires. On exige un peu de votre temps en dehors des déjeuners pour apprendre à connaître les membres et pour inviter d'autres personnes à participer aux rencontres. Le club a pour but de référer les services des membres lorsque cela est bénéfique pour les clients. J'ai rencontré de très belles personnes dans cette organisation avec qui je fais encore affaires — mon webmestre, mon conseiller financier, mon courtier automobile, des agents immobiliers, un chiropraticien, des massothérapeutes et autres collègues.

C'est également une bonne occasion d'introduire le Reiki à des gens qui ne l'auraient pas connu autrement. Par exemple, une des membres se promenait dans un magasin d'aliments naturels et s'est rendu compte que le propriétaire cherchait un Maître Reiki pour donner des conférences. J'ai fait un suivi sur sa recommandation et j'ai donné une conférence. Trois des huit personnes présentes sont venues prendre des formations de Reiki par la suite.

Le réseautage est plaisant et est une des moyens les plus efficaces de bâtir une clientèle et un réseau de personnes-ressources.

Séminaires et conférences

Je donne des conférences pour me faire connaître et répandre le Reiki à toutes les occasions qui se présentent dans des centres holistiques, des centres communautaires ou à d'autres organisations intéressées. Ces dernières années, j'ai eu l'honneur d'être invité à présenter le Reiki aux étudiants de dernière année en médecine à l'université McGill à Montréal, Canada.

Cartes professionnelles et un dépliant

Ce sont des outils indispensables. La préparation d'un dépliant vous aidera à définir votre pratique et les services que vous offrez.

Je distribue mes dépliants et mes cartes professionnelles dans plusieurs points de vente. Une fois que je suis connu, je les envoie par la poste avec une note disant « Merci d'afficher ». Ceci m'épargne du temps et des coûts. Je rends visite à l'occasion pour nourrir le lien et vérifier si mes articles sont affichés.

Publicité

Je place mes cartes professionnelles et mes dépliants à certains endroits où je paie des frais annuels (environ 100 $ par an) pour louer une case. Ces présentoirs sont gérés et exclusifs aux abonnés, donc plus efficaces. Dans quelques-uns ces endroits, le responsable m'appelle quand ma case a besoin d'être remplie, ce qui m'épargne les déplacements périodiques de vérification.

Je place parfois des publicités dans des répertoires communautaires distribués aux domiciles près de mon bureau. Même si la plupart des gens les regardent seulement une fois avant de les mettre de côté, il est possible d'obtenir des clients. J'en ai déjà obtenu un à long terme grâce à une publicité qui m'a coûté 150 $ - un investissement rentable.

Je publie des annonces dans des revues populaires et je fais un suivi des résultats. Pendant plusieurs années, j'ai placé une annonce dans une revue jusqu'à ce qu'elle cesse d'exister. J'ai encore des personnes qui se souviennent d'avoir vu ma publicité dans cette revue; certaines me contactent plusieurs années après.

Deux des facteurs clés en publicité sont la répétition et la constance.

Bulletins

Il arrive parfois que je contacte des organisations professionnelles pour placer un article ou une publicité dans leurs bulletins. C'est gratuit ou peu dispendieux.

Publicité sur Internet

Je suis répertorié sur plusieurs sites Internet, dont certains sont gratuits.

Ces deux sites exigent une inscription annuelle :

o http://www.byregion.net

o http://www.alternativesante.com

Je fais à l'occasion une recherche sur les organisations et les sites de Reiki. Certains ont des répertoires de praticiens auxquels on peut s'inscrire gratuitement. C'est surtout efficace si ces sites apparaissent en tête de liste des recherches sur Internet.

En voici quelques-uns gratuits :

   o http://www.BodyMindSpiritDirectory.org

   o http://www.the reikipage.com

C'est intéressant de voir mon nom répertorié sans frais sur des sites que je n'ai jamais visités, sur lesquels j'ai été inscrit par des individus ou des organisations qui ont aimé le contenu de mon site Internet. Je suis toujours surpris de voir tout ce qui ressort quand je fais une recherche sur mon propre nom.

Associations de Reiki

Je suis membre et enseignant enregistré de l'Association canadienne de Reiki. Les frais d'adhésion sont de 100 $ par an et je bénéficie d'une crédibilité et d'une visibilité. La description de mes services renferme une courte biographie ainsi qu'un lien à mon site Internet.

Votre propre bulletin et votre liste d'envoi

Vous pouvez publier un bulletin de vos activités et de l'information pertinente à ceux qui s'inscrivent sur votre liste d'envoi. Ceci vous permet de garder un contact régulier avec eux et vous assure une visibilité et une façon de promouvoir votre pratique et vos ateliers. Je demande à ceux qui remplissent mon formulaire d'information s'ils veulent aussi s'inscrire sur ma liste d'envoi.

J'ai récemment trouvé une manière plus efficace de gérer ma liste d'envoi. Une amie m'a fait connaître MailChimp, un service Internet pour créer des bulletins professionnels et gérer les listes d'envoi automatiquement. Ce service est gratuit pour un envoi à 2 000 membres par jour ou à 12 000 courriels par mois. Il existe plusieurs sites de ce genre. TargetHero en est un qui est complètement gratuit.

Information gratuite

J'ai reçu, il y a quelques années, un courriel qui décrivait comment m'écrire des chèques d'abondance à tous les mois pour laisser savoir à l'Univers que j'étais prêt à recevoir de l'abondance dans ma vie. J'ai tellement aimé l'idée que je l'ai rendue disponible à tous sur mon site Internet. J'envoie un rappel mensuel et ce courriel circule entre des amis et connaissances partout dans le monde. Plusieurs nouvelles personnes s'inscrivent à tous les mois et certaines d'entre elles veulent aussi connaître mes autres activités. Mon site Internet reçoit beaucoup de visites à la suite de cet envoi.

Incitatif pour les références

J'ai longtemps hésité avant d'offrir un incitatif aux personnes qui me recommandaient parce que je craignais qu'elles le fassent pour les mauvaises raisons. J'ai toutefois choisi de le faire récemment en offrant un bon-rabais.

Mon expérience est très positive; je me rends compte que c'est beaucoup apprécié. Souvent, le courriel de remerciement que j'envoie tombe pile parce que mon client est justement en train de se faire à l'idée de revenir pour un soin : le courriel l'incite à le faire.

Forfaits

Au même moment où j'ai choisi d'offrir un incitatif, j'ai aussi offert un prix réduit sur un forfait de quatre ou six séances. Ceci à l'avantage d'obtenir un engagement de la part du client pour des soins, de remplir mon agenda à l'avance et, ce qui est encore plus important, de donner aux clients la chance de bénéficier de plusieurs traitements à la suite l'un de l'autre. La plupart choisissent de continuer à recevoir des traitements périodiquement à la suite de cette première expérience de quatre ou six séances.

Salons professionnels

Une participation à un salon professionnel vous fera connaître et rencontrer d'autres professionnels de la santé. Ces salons sont généralement bien fréquentés et valent le coût et le temps investis. Vous pouvez partager l'espace pour réduire les coûts.

À votre tour maintenant

Je suis certain que vous pouvez trouver d'autres idées pour promouvoir vos services. Un cours sur le marketing vous aidera à explorer et développer votre expertise en la matière.

Le Reiki dans votre entourage

Dans votre communauté

À mesure que le Reiki devient plus populaire, il est introduit dans des centres communautaires, des centres de santé, des hôpitaux, des foyers d'accueil et d'autres endroits dans la communauté. Ces centres ont besoin de bénévoles pour donner des traitements. S'il n'en existe pas dans votre communauté, vous pouvez prendre l'initiative d'en mettre un sur pied. Votre association de Reiki peut vous venir en aide et vous soutenir dans cette initiative.

Avec les autres professionnels de la santé

D'autres professionnels de la santé seront sûrement curieux de connaître votre approche. Plusieurs seront intéressés à échanger des traitements pour se familiariser avec vous et vos méthodes afin de vous recommander.

Dans les écoles et les collèges

Certaines écoles et certains collèges offrent maintenant des cours de Reiki dans leur curriculum.

Dans les hôpitaux

Plusieurs hôpitaux introduisent le Reiki pour en faire bénéficier leurs patients avant, pendant ou après les interventions médicales.

Le Dr Mehmet Oz invite souvent un Maître Reiki dans la salle d'opération lors de ses chirurgies. Le praticien fait un soin en même temps que le chirurgien fait son travail pour soutenir le client à travers le processus. Visionnez cette vidéo sur YouTube qui donne le point de vue du D^r Oz sur la médecine énergétique et sa façon d'impliquer le Maître Reiki dans ses interventions cardiologiques.

<www.youtube.com/watch ?v=HJ5eajLCzu0&feature=player_embedded>

Les résultats des études du D^r Oz sont publiés dans *Les mains de vie et d'énergie* (Motz, 1999). William Rand, du Centre international pour la formation de Reiki a beaucoup fait pour promouvoir et documenter ce qui se fait en Reiki dans les hôpitaux et il coordonne aussi plusieurs projets de recherche sur les bénéfices du Reiki. Voir l'annexe E.

Résumé du chapitre 5

Certaines personnes pratiqueront le Reiki de façon professionnelle à la suite de leur formation. D'autres l'utiliseront simplement pour elles-mêmes, leur famille et leurs amis. Tous l'intégreront dans leur vie quotidienne et dans leur travail selon leur passion et leur créativité.

Pour ceux qui envisagent de le pratiquer professionnellement, il est fortement suggéré de prendre un cours d'éthique professionnelle. Ils devront faire le choix de travailler à partir de leur domicile ou d'un bureau. La pratique devient alors une entreprise petite ou grande à développer et à gérer. En plus de l'administration inhérente à une pratique et une entreprise, il y a tout le volet de marketing qui s'ajoute afin de bâtir et maintenir une clientèle. La gestion du temps et des limites est un apprentissage en soi et il existe beaucoup d'outils pour soutenir le praticien dans cette démarche.

La supervision, le coaching et le mentorat deviennent importants pour soutenir le praticien dans son évolution et mieux servir sa clientèle.

Outre la pratique personnelle et professionnelle, le praticien peut contribuer à répandre le Reiki dans sa communauté et dans les centres hospitaliers à mesure que la médecine traditionnelle se familiarise avec cette méthode douce et bénéfique.

CHAPITRE 6

LA TRANSFORMATION PAR LE REIKI

Dans ce chapitre, j'élabore au sujet de la transformation et la croissance catalysées par le Reiki.

Le chemin vers la guérison

Je présente souvent le chemin de guérison comme une pente ascendante qui comporte des hauts et des bas tout en se dirigeant vers un terrain de plus en plus élevé et de plus en plus stable. À mesure que nous avançons sur ce chemin, nous découvrons nos blessures profondes d'enfance ainsi que les images et croyances que nous avons créées. Celles-ci organisent notre expérience du moment présent et nous empêchent de laisser entrer ce qui est nourrissant même quand c'est disponible.

Il se peut que nous découvrions les masques derrière lesquels nous nous cachons pour protéger notre vulnérabilité quand la réalité nous fait peur. Nous mettrons peut-être de la lumière sur notre ombre, ces parties de nous que nous n'aimons pas et que nous gardons dans la noirceur afin de ne pas les voir. Nous allons peut-être faire face à l'image idéalisée que nous essayons de maintenir mais qui est impossible à réaliser. Ou encore, nous découvrirons les dynamiques que nous utilisons pour nous défendre et nous protéger.

C'est incroyable toute l'énergie que nous dépensons pour essayer de survivre de différentes manières. C'est l'énergie de notre vitalité que nous retenons ainsi et cela nous empêche de vivre pleinement dans la joie.

À mesure que nous développons notre Témoin ou Soi Observateur et que nous acceptons que nous sommes responsables de notre expérience, nous commençons à nous transformer et grandir dans l'amour de soi et des autres. Sans le vouloir, les dynamiques et les images surviennent à nouveau et nous reculons parfois à un état antérieur, comme si nous faisions un pas en avant et deux en arrière.

La bonne nouvelle est que les expériences positives répétées, issues des risques que nous prenons dans les nouvelles possibilités qui nous sont offertes, se renforcent et nous aident à changer notre façon de vivre. Celles-ci deviennent de nouveaux repères sur lesquels nous pouvons nous appuyer dans les moments difficiles. Même si cela peut devenir intense, nous passons de moins en moins de temps dans ces vieux états et dynamiques.

Le Reiki ouvre votre champ énergétique, agit comme catalyseur et ouvre des portes qui n'étaient pas visibles auparavant. Des synchronismes se présentent qui vous mènent à de nouvelles expériences et mettent sur votre chemin de nouvelles personnes qui vous offrent des possibilités de croissance et d'apprentissage. C'est l'Univers qui répond au plan de votre âme qui vous amène à prendre la formation de Reiki.

La spiritualité

Ce mot spiritualité fait souvent peur aux gens de notre culture occidentale parce qu'elle n'est pas comprise ou à cause des mauvaises expériences vécues avec la religion. Une personne peut être religieuse sans être spirituelle et spirituelle sans être religieuse.

Alors, que veut dire être spirituel ?

Le mot « spiritualité » contient le mot « spirit », le mot anglais pour « esprit ». Être spirituel veut dire être en contact avec son esprit. Notre culture occidentale idolâtre le corps, la consommation matérielle et le faire; elle juge, ou tout au moins, rabaisse l'être, l'introspection et tout ce qui a trait aux émotions et à l'esprit. Nous avons tous un esprit, une âme, que nous croyions ou non à la vie après la mort. Sans la présence de cette force vitale, le corps meurt.

Plus vous êtes en rapport avec votre esprit, plus vous devenez conscient de qui vous êtes et pouvez donner du sens à votre vie. Alors que mon fils Benoit avait seize ans, il nous a annoncé un jour qu'il voulait marcher sur une distance d'environ cinquante kilomètres pour se rendre à une montagne locale qui est un vortex énergétique d'une haute vibration. En tant que parents, nous étions très inquiets de le laisser partir seul, mais nous avons quand même pris le risque de le soutenir dans son initiative et cette aventure. Sain et sauf à son retour quelques jours plus tard, il écrivit vingt et une pages sur son expérience. Cette phrase me reste toujours :

« Le sens de la vie est de donner un sens à sa vie ».

Le Reiki vous amènera à un contact plus profond avec vous-même, votre mission de vie et votre spiritualité. En ce faisant, vous vous sentirez plus en lien avec tout ce qui vous entoure, l'univers et le tout.

La croissance personnelle du praticien de Reiki

En pratiquant le Reiki, vous cheminerez à votre rythme à mesure que l'énergie que vous canalisez pour vous et les autres nettoie votre champ énergétique.

Il s'est tellement passé de choses pour moi depuis que j'ai pris ma première formation en 1994. Ma pratique de Reiki a évolué en une intégration de plusieurs approches que j'utilise selon le besoin immédiat du client. Je n'avais vraiment aucune idée où cela me conduirait.

Voici l'expérience de Dimitra, Maître Reiki :

« Le Reiki bénéficie à mon corps, mon esprit et mon environnement.

Le Reiki me transforme à chaque fois. Après chaque traitement, mon monde extérieur reste peut-être le même mais c'est ma vision qui change. Je suis heureuse et dans un état de béatitude parce que je suis, simplement.

Le Reiki m'apprend à laisser tomber les attachements, les attentes et les réponses.

Le Reiki me permet de faire l'expérience de la perfection d'être Une avec l'Univers.

Le Reiki m'inculque la paix, l'amour, la joie, la passion, la sécurité intérieure et la foi que tout est parfait tel que c'est.

Le Reiki guérit pour faire en sorte que mon moi véritable puisse se révéler.

Merci Roland de m'avoir guidée, de ta gentillesse et de ta générosité qui m'ont donné le courage d'amener ma pratique de Reiki à un autre niveau.

Avec de la gratitude pour toujours – Dimitra Panaritis, Montréal. »

Le Témoin

L'habileté la plus importante et indispensable à développer pour vous aider sur ce chemin est celle du Témoin, cette partie de vous qui peut observer, sans jugement et avec compassion et curiosité, ce que vous êtes en train de faire, comment vous le faites et quelles émotions sont présentes. Plus vous développez le Témoin, plus vous devenez conscient de vous-même et vos dynamiques. La première étape de la guérison est d'amener de la conscience et de la lumière sur ce qui était dans l'ombre. Une fois que la lumière perce, vous ne pouvez plus retourner complètement à l'ombre. Je recommande fortement le livre *La part d'ombre des chercheurs de lumière* (Ford, 2003). L'auteur nous démontre comment les choses chez les autres qui nous dérangent sont en fait des parties de nous que nous n'aimons pas et que ne voulons pas voir.

En travaillant avec le Témoin et en le raffinant, vous pouvez « répondre consciemment » aux situations qui se présentent plutôt qu'y « réagir automatiquement ». Au début, vous vous en rendez compte après le fait; plus tard, ce sera dans la journée ou le lendemain. Plus vous devenez habile à l'utiliser, plus vous pouvez l'utiliser dans le moment et vous « voir » en train de réagir de la même façon encore et encore. Éventuellement, vous pourrez vous mettre à « pause » et prendre le temps de répondre plutôt que de réagir. Là, les choses vont changer pour vous parce que vous ferez des choix conscients alignés avec votre vraie nature, et commencerez à prendre pleine responsabilité pour ce que vous créez dans votre vie. Ceci ne veut pas dire de vous blâmer ni de vous sentir coupable. Cela veut dire que vous agirez dès lors à partir de choix différents et que vous reprendrez votre pouvoir sur votre vie, au lieu d'être victime des circonstances et des gens avec qui vous êtes en relation. Ceci est très libérant.

Le soutien continu pour l'amélioration de soi

Sur le chemin, vous rencontrerez des ressources pour vous aider. La thérapie efficace est très aidante pour faire avancer votre processus. Il est difficile, sinon impossible, de cheminer seul, même si vous êtes autodidacte. Nous avons tous nos angles morts et ne pouvons pas, par définition, être conscient de ce qui est inconscient.

À la suite de ma première formation de Reiki, je me suis aperçu que j'avais à transformer ma manière d'être avec mes enfants. J'ai vécu une enfance difficile avec mon père qui m'aimait beaucoup, mais de qui j'ai souffert d'abus verbal. J'étais en train de faire de même avec mes jeunes enfants. J'ai trouvé quelqu'un pour m'aider à regarder mon histoire. Mes relations avec mon épouse et mes garçons se sont transformées à mesure que j'en assumais la responsabilité et que je m'éloignais du rôle de victime. Aujourd'hui, mes relations sont très différentes. Je réponds (la plupart du temps du moins) plutôt que de réagir à mon expérience !

Durant les six années que je me formais à l'école de Barbara Brennan, il était requis de suivre une thérapie. Il en est de même pour la formation de Cœur Énergétique que je poursuis en ce moment. La thérapie me donne un endroit et un soutien pour explorer et prendre soin de ce qui monte lors de mon processus durant ces formations intenses. Ceci m'aide à mieux intégrer le travail. Je trouve ce genre d'appui inestimable pour quelqu'un qui accompagne des personnes sur leur chemin de guérison. Je continue de voir ma thérapeute même quand ce n'est pas requis. Nous ne pouvons accompagner une personne sur un chemin que nous n'avons pas nous-mêmes parcouru. Plus nous plongeons dans notre processus, plus nous pouvons être bien avec nous-mêmes et plus nous pouvons être bien avec les autres.

Dans l'annexe G, je présente quelques-unes des thérapies efficaces dont j'ai fait l'expérience ou suivi la formation ainsi que d'autres qui me sont familières.

La santé et les soins personnels

Sur ce chemin, vous découvrirez que vos besoins et votre point de vue sur la santé se transforment. Laissez votre corps et votre intuition vous guider et vous montrer ce dont vous avez besoin pour mieux vous sentir et pour renforcer votre contenant énergétique.

Voici quelques-unes des façons dont ceci s'est présenté pour moi.

À mesure que je travaillais, que j'enseignais et que j'organisais des ateliers, je sentais le besoin de purification afin de devenir un canal plus puissant et pur pour l'énergie.

Depuis au moins trente ans, j'ai une routine d'exercice le matin pour prendre soin de mon corps physique — un peu de yoga, quelques pompes et d'autres exercices selon mes besoins du moment, mes découvertes et mes expérimentations. Dernièrement, j'ai senti le besoin d'ajouter la méditation à cette routine.

Il y a dix ans, je me suis intéressé à la nutrition et j'ai commencé à prendre des suppléments pour m'assurer d'avoir tous les antioxydants et oligoéléments qui n'étaient pas disponibles dans mon alimentation.

Dernièrement, j'ai commencé à manger plus de nourriture crue et biologique afin de maximiser les enzymes et minimiser les additifs alimentaires. Je mange encore des fruits de mer, mais j'ai cessé de manger de la viande. En plus de contribuer à l'environnement de cette manière, mon corps dépense moins d'énergie à défaire et reconstruire les protéines présentes dans la viande. J'ai trouvé des sources de protéines plus compatibles. Ma tolérance à l'alcool a beaucoup diminué et j'en consomme beaucoup moins.

Je vais chercher un soutien additionnel par les approches holistiques telles que le massage, les soins énergétiques, la fasciathérapie, la chiropractie, l'acupuncture, l'ostéopathie et autres.

La formation continue

Il est fort probable, même si cela n'est pas nécessaire, qu'à mesure que vous lisez sur le Reiki, que vous travaillez avec vos clients et que vous rencontrez d'autres personnes pratiquant la médecine alternative et complémentaire, que vous vous intéressiez à des ateliers et des formations pour élargir vos compétences. Il y a tellement de belles approches disponibles qui peuvent compléter le travail du Reiki. Certaines associations exigent même que leurs membres fassent un minimum de formation continue pour maintenir leur compétence.

Avant d'apprendre le Reiki, je lisais environ un livre par an; je lisais en me couchant et je m'endormais après avoir lu seulement quelques pages. Depuis que j'ai découvert le Reiki et étudié plusieurs autres approches, je suis émerveillé du nombre de livres que je lis maintenant et combien ils me fascinent.

Mon ami John m'a montré le livre *Le pouvoir bénéfique des mains* (Brennan, 1993), alors que je parlais de chakras en donnant ma première formation sur le Reiki. Six mois plus tard, j'étais inscrit à son école et depuis, j'ai été attiré par beaucoup d'autres formations pour compléter mes compétences en tant que facilitateur en guérison et thérapeute.

Le nettoyage et le renforcement de votre canal

L'énergie du Reiki entre par le chakra de la couronne, se rend au cœur et ensuite dans les mains. Des énergies du champ universel de différentes fréquences entrent par tous les chakras, incluant l'énergie de basse fréquence de la terre qui entre par le premier chakra. Toutes ces énergies sont disponibles lorsque vous donnez un traitement.

144

En intégrant dans votre vie les suggestions présentées dans ce chapitre, votre champ énergétique se nettoiera. Certains de vos chakras qui ont été habituellement dysfonctionnels s'ouvriront et deviendront stables. Les énergies stagnantes dans vos corps énergétiques se dissiperont et votre aura deviendra plus harmonieuse. Les gens autour de vous ressentiront la différence. Ils vous diront peut-être : « Vous semblez bien dernièrement. », ou « Avez-vous changé quelque chose ? Vous semblez plus en paix ces jours-ci. » Ils voudront être plus près de vous — vous allez attirer des gens différents qui résonnent avec cette nouvelle énergie.

Les énergies circuleront plus librement à mesure que votre champ se nettoie et ces énergies seront disponibles pour votre clientèle. Je prends souvent l'exemple d'un filtre d'aspirateur qui réduit le flux d'air quand il est bouché de poussière. L'air passe plus facilement lorsqu'il a été nettoyé. Comme votre champ sera moins résistant, vous allez pouvoir passer plus d'énergie.

Vos clients vont définitivement ressentir la différence dans vos traitements.

L'évolution du Maître Reiki et de l'Enseignant

« Tu enseignes le mieux ce que tu as le plus besoin d'apprendre. » (Bach, 1996)

Même si je porte le titre de Maître Reiki, je me suis toujours considéré plutôt enseignant que maître. Pour moi, le mot maître évoque un contrôle parfait et une connaissance complète de l'art. Bien que je puisse transmettre les enseignements et que j'aie acquis beaucoup d'expérience, je suis toujours en apprentissage et je ne crois pas avoir maîtrisé l'art ni jamais le maîtriser.

Vous avez peut-être voulu devenir un Maître Reiki dès le début ou le ressentirez en intégrant les enseignements et en continuant de pratiquer.

Devenir un Maître Reiki est premièrement un engagement envers soi-même, ensuite envers les autres.

Au niveau maître, on doit intégrer le Reiki de façon à le transmettre à partir du cœur et non à partir du mental. C'est beaucoup plus qu'enseigner les techniques et les positions pour imposer les mains : il s'agit de transmettre le sacré de ces enseignements ainsi que les principes et le cheminement qu'offre le Reiki. En tant que Maître Reiki, vous acceptez la responsabilité d'accompagner les étudiants sur ce parcours et de choisir les candidats qui se présentent pour le niveau maître. Il faut aider vos étudiants à se découvrir, à grandir avec les principes afin qu'ils puissent à leur tour enseigner aux autres.

C'est aussi se rendre disponible à vos étudiants entre les différents niveaux à mesure qu'ils cheminent et relèvent leurs défis. C'est également se rendre disponible pour organiser des partages de Reiki en vue de leur donner une chance de pratiquer et de continuer à apprendre.

Vous allez devoir vous mettre à l'écart afin d'être un canal pur pour le plus grand bien de vos étudiants. Vous devrez mettre l'ego de côté et pratiquer l'humilité. Pour ce faire, vous allez devoir apprendre à mieux vous connaître.

Il sera nécessaire de garder des limites saines avec les étudiants, comme vous le faites avec vos clients. Ils ne sont pas vos amis; vous les accompagnez sur le chemin. Ils doivent avoir tout l'espace nécessaire pour leur apprentissage et leur processus sans avoir à prendre soin de la relation entre vous. Il se peut qu'ils soient réactivés par vous et vous devrez être totalement présent pour les accompagner à travers cela.

Ils auront besoin de votre soutien de temps en temps alors qu'ils développent leur pratique.

Comme l'exprime le dicton « Le voyage est plus important que la destination. » Le Reiki est un cheminement vers soi, au cours duquel nous pouvons aider les autres. Il est très important de ne pas franchir rapidement les niveaux pour obtenir les diplômes. L'apprentissage pour devenir Maître Reiki avec Usui, et aussi Takata, était un processus et un engagement d'une vie. La tendance dans notre société occidentale est de raccourcir le temps et de vite passer les niveaux. Pour certains, c'est pour satisfaire l'ego et pour obtenir un autre titre ou un autre diplôme.

Prenez le temps de trouver la bonne personne pour vous accompagner. Vous allez peut-être choisir de faire tous les niveaux avec le même Maître Reiki ou décider de faire l'expérience avec plusieurs. Il est possible que la personne que vous choisissiez vous contrarie, ce qui peut être bien si ça peut vous faire avancer. Avant de décider de changer parce que vous avez réagi négativement, examinez votre motivation et discutez-en si possible avec votre Maître Reiki ou votre thérapeute. Ceci vous aidera à éclaircir ce qui se passe en vous et à le dépasser. Votre Maître Reiki pourra vous aider et tenir l'intention pour votre plus grand bien. S'il convient toujours de changer, il vous encouragera sûrement à le faire. Une résistance inappropriée de sa part pourrait bien être une indication que ce serait la bonne décision pour vous de changer.

Une fois que vous avez trouvé une personne avec qui vous vous sentez bien, soyez présent à plusieurs formations comme assistant et observateur pour vous donner le maximum de temps pour assimiler les enseignements à un niveau profond. Tout ce que vous apprendrez ainsi s'intégrera dans votre façon unique d'enseigner.

Pouvoir contribuer en tant que Maître Reiki est une expérience enrichissante et nourrissante et je vous encourage à poursuivre ce chemin si vous sentez l'appel.

Devenir le maître de votre vie

Que vous preniez seulement le premier niveau ou que vous deveniez Maître Reiki, il n'y a aucun doute pour moi que le Reiki vous aidera à devenir maître de votre vie.

À mon avis, ceci veut dire grandir en conscience, en contact avec soi, d'écouter les voix de sa vraie nature, de vivre au moment présent et de faire des choix qui sont alignés avec sa vraie nature et sa mission de vie. Cela veut dire de prendre l'entière responsabilité pour tout ce qui se passe dans sa vie.

C'est le cheminement d'une, ou même de plusieurs vies.

Résumé du chapitre 6

Le Reiki, en tant que catalyseur, amène l'initié à se rapprocher de sa mission de vie et de sa spiritualité. La croissance personnelle prend une plus grande importance dans la vie du praticien. Le chemin s'ouvre grand à cette fin en mettant sur sa route des personnes, des ressources et des outils.

Tous les aspects de la vie sont touchés : le développement de soi, la conscience, le travail, la santé, la nutrition et la formation continue pour élargir les connaissances et les habiletés. Au fil du temps, le champ énergétique se nettoie et devient plus équilibré : un canal encore plus puissant pour l'énergie de guérison.

Au niveau maître, le praticien peut transmettre ses connaissances sacrées en toute humilité à ceux qui se présentent à lui. Il se met au service de la vie, de la conscience et du maître intérieur de tous ceux qui désirent le laisser émerger.

La transformation ne s'arrête pas au niveau Maître/Enseignant. Le travail de conscience en est un d'une vie, ou même de plusieurs vies.

,

EN RÉSUMÉ

Le Reiki - puissant catalyseur de transformation personnelle et de guérison. C'est le thème de ce livre.

L'initiation reçue durant les formations agit comme catalyseur : elle permet d'augmenter la fréquence vibratoire du champ énergétique de l'initié, facilite la capacité de réception et de transmission de l'énergie et l'accroît.

Le Reiki, en tant que catalyseur, amène l'initié à se rapprocher de sa mission de vie et de sa spiritualité. La croissance personnelle prend une plus grande importance dans la vie du praticien. Le chemin s'ouvre grand à cette fin en mettant sur sa route des personnes, des ressources et des outils.

Au fil du temps, le champ énergétique se nettoie et devient plus équilibré : un canal encore plus puissant pour l'énergie de guérison. La transformation se poursuit à travers les niveaux et permet au maître intérieur d'émerger pour mieux gérer sa vie et accomplir sa mission.

Le Reiki, créé par le moine japonais Mikao Usui à la suite de ses découvertes d'anciens symboles dans les sutras tibétains, est simple et facile à apprendre et à utiliser. Il est accessible à tous et peut agir autant aux niveaux physique, émotionnel, mental et psychique que spirituel.

Cinq principes encadrent le Reiki. Le principe additionnel de l'échange assure la participation active du receveur à son cheminement de guérison ainsi que l'équité entre le donneur et le receveur.

Le Reiki, transmis par imposition des mains sur le corps en passant par le champ énergétique, peut être utilisé sur soi-même, les autres, les animaux, les plantes, la nourriture, les objets et les situations. Il peut être transmis à distance et peut agir dans le présent, le passé et le futur.

Le Reiki est complémentaire aux méthodes traditionnelles et n'est ni une cure ni une garantie de guérison. Le praticien ne fait aucun diagnostic médical ni ne prescrit des médicaments.

Le Reiki traditionnel s'apprend en trois ou quatre niveaux selon la lignée dans laquelle le Maître/Enseignant a fait son apprentissage.

Il est important de réaliser que la personne qui donne le Reiki prend un rôle de thérapeute et doit être consciente de ce que cela peut représenter afin de mieux servir le client. La préparation du praticien, l'ambiance, le toucher, l'équipement et les accessoires ont un effet positif sur la séance et assurent l'efficacité maximale d'un traitement.

La relation entre le praticien et le client est le facteur le plus important dans l'efficacité d'un traitement, bien au-delà des techniques utilisées. La présence du praticien à lui-même et à son client joue un rôle crucial dans cette relation.

Plus le praticien travaille sur lui à nettoyer son canal, plus les traitements qu'il peut donner deviennent puissants. Ceci exige un engagement envers lui-même et envers sa clientèle et aussi ses étudiants, s'il choisit éventuellement de transmettre ces enseignements sacrés à ceux qui seront mis sur son chemin.

MOT DE LA FIN

En écrivant ce livre, j'étais continuellement confronté à une question qui m'a été posée lorsque j'ai fait une demande sur Facebook pour des témoignages. « Est-ce qu'on a vraiment besoin d'un « autre » livre sur le Reiki ? » Il existe déjà tellement de bons livres sur le marché (j'ai inclus une liste dans l'annexe D) que je me suis demandé si le mien ferait une différence.

Pour démarrer ce projet d'écriture, je savais qu'il fallait que je m'éloigne de ma vie quotidienne avec toutes ses préoccupations. J'ai choisi d'aller en Indonésie, un des endroits les plus exotiques que j'aie jamais visité dans mes voyages antérieurs. Ceci fut une merveilleuse aventure et des vacances en même temps. Le Santai Beach Inn à Sengiggi sur l'île Lombok était parfait — tranquille, toujours ensoleillé et chaud, personnel très accueillant et gentil. C'était un endroit très fertile à la rédaction de mon livre. J'ai écrit la plus grande partie de mon livre durant le mois que j'ai passé sur cette île à l'est de Bali en Indonésie.

Alors que je partageais mes connaissances et mon expérience en écrivant dans ce contexte idéal tout en me branchant aux énergies du Reiki, j'ai trouvé la réponse à ma question.

Dans mon livre je partage beaucoup mon expérience personnelle et mes points de vue sur les différents aspects du Reiki. Ce fut merveilleux de pouvoir présenter mon approche de l'enseignement, mon approche sur la pratique du Reiki et d'exprimer mon amour et le respect que je lui porte.

Mais, j'ai vraiment trouvé ma passion et mon plaisir de toute l'expérience du Reiki lorsque j'ai commencé à relire, sélectionner et inclure les témoignages que j'ai reçus de mes clientes et clients, de praticiennes et praticiens et des Maîtres Reiki à qui j'ai enseigné.

Ces témoignages représentent la vraie raison pour laquelle je continue à enseigner et à pratiquer parce qu'ils nourrissent ma passion pour la croissance personnelle et mon besoin de faire quelque chose qui a du sens pour moi et de contribuer. Je suis profondément touché de témoigner comment cette méthode simple d'imposition des mains est transformatrice.

Ce livre ajoute très peu sur le vaste savoir qui est déjà disponible sur le Reiki. C'est par contre ma petite contribution unique au Reiki qui a émergé de mon essence et du cadeau de qui je suis. Il se peut que le livre au complet, ou juste un témoignage, pique assez votre curiosité pour que vous en fassiez l'essai en prenant une formation ou en recevant un traitement. Mon livre enrichira peut-être la pratique de quelques étudiants et praticiens, ainsi que la pratique et la façon d'enseigner de quelques Maîtres Reiki.

Voilà une raison suffisante de l'avoir écrit.

J'écris ce livre en l'année 2012; la fin du calendrier Maya est une année qui est censée en être une de changements majeurs, le point de bascule pour un saut quantique en conscience pour l'humanité entière. La Terre nous envoie déjà des signes avec les séismes en Haïti et au Japon, les inondations et les renversements météorologiques — pluies abondantes, changements de température, feux et canicules. Les systèmes financiers et sociaux donnent des signes de transformations majeures et même d'effondrement. Le dollar américain s'affaiblit, l'Euro est fragile et il y a des renversements des gouvernements en Égypte, au Lybie, en Syrie, en Tunisie, dans le monde Arabe et ailleurs.

Les jeunes partout dans le monde s'engagent et se réunissent pour questionner les valeurs sociales et notre matérialisme et paver la voie pour faire place à des changements de conscience importants. Les mouvements tels que Occupation Wall Street ont une influence sur la façon dont le monde démocratique est gouverné. Les enfants Indigo et Cristal, nés avec une conscience avancée, influencent les adultes autour d'eux par leur façon de percevoir et d'être. J'entends beaucoup de témoignages de parents qui sont émerveillés des questions, commentaires et enseignements qui surgissent de la bouche de leurs très jeunes enfants.

En étant témoin de ces évènements, il semble que la souffrance, les conflits et la guerre vont toujours en augmentant. Pourtant, je ressens un changement dans la conscience; de plus en plus de personnes, jeunes et vieilles, sont attirées par les approches alternatives et complémentaires et la spiritualité, incluant le Reiki. Elles questionnent leur façon de vivre et leurs valeurs. Je suis confiant que nous allons basculer et créer un monde plus égal et harmonieux dans les années à venir. Je suis aussi d'avis que cela se passera sans cataclysme et souffrance majeurs.

Cela demandera que nous nous dédiions à notre humanité et notre Terre et que nous soyons ouverts au changement, en dépit des peurs et insécurités sous-jacentes. Nous aurons à nous abandonner au plus grand que nous et avoir confiance en notre capacité de créer un monde plus égal et harmonieux.

Que vous aimiez ou non le monde dans lequel vous vivez, vous avez choisi d'être ici en ce moment avec les sept autres milliards d'âmes qui sont venues faire partie de ce temps d'évolution de la race humaine. Vous pouvez influencer ce qui se passe. Quelle voie choisirez-vous ? Que souhaitez-vous créer ? Êtes-vous prêts à laisser aller la victime et prendre pleine responsabilité pour ce que vous avez et ce que vous créez à chaque moment ?

Ce sont des questions et des choix difficiles. J'ai confiance que vous, moi et le reste de l'humanité écouterons et suivrons notre voix intérieure et trouverons les bonnes réponses.

J'aimerais terminer en vous offrant cet extrait du livre *A Return to Love* (Williamson, 1992) que j'ai affiché au mur de ma salle de bain.

> « *Notre plus grande peur n'est pas que nous sommes inadéquats. Notre plus grande peur est que nous sommes puissants hors de toute mesure. C'est notre lumière et non notre ombre qui nous fait le plus peur. « Qui suis-je pour être brillant, formidable, talentueux et fabuleux ? » En fait, qui êtes-vous pour ne pas l'être ? Vous êtes un enfant de Dieu. De jouer au petit ne sert pas le monde. Il n'y a rien de l'éveil de conscience de se réduire afin que ceux autour de vous ne se sentent pas insécurisés. Nous sommes tous censés laisser briller notre lumière, comme le font les enfants. Cela n'existe pas juste en certains d'entre nous, cela existe en chacun de nous. En laissant briller notre lumière, nous donnons inconsciemment la permission aux autres de faire de même. En se libérant de nos propres peurs, notre présence libère automatiquement les autres. ». (p. , 190 — reproduit avec permission)*

Je vous souhaite d'être inspirés à accueillir votre lumière, que vous puissiez laisser émerger votre maître pour faire émaner sa lumière afin que les autres puissent se voir dans cette lumière. Je souhaite que vous puissiez accomplir votre mission et répandre tous les cadeaux que vous êtes venus partager dans cette incarnation.

Puissiez-vous vous donner le cadeau précieux du Reiki. Même si vous n'avez pas l'intention de donner des

156

traitements, faites-le pour le catalyseur qu'il sera dans votre vie. Ce sera une expérience valable que vous ne regretterez absolument pas.

Que vous soyez heureux et en paix.

Que vous soyez libre de souffrance.

Que vous soyez en sécurité.

Que vous puissiez vivre dans ce monde avec bien-être, abondance et aisance.

Namaste

Roland Bérard

Maître Reiki

Lombok, août 2012

REMERCIEMENTS, GRATITUDE ET APPRÉCIATION

Je tiens à remercier ma mère et mon père de m'avoir donné la vie et d'avoir créé les circonstances dont j'avais besoin pour développer mes capacités en tant que personne et facilitateur en guérison, et de m'avoir aimé surtout quand je ne pouvais pas le laisser entrer. Je sais maintenant que mes blessures d'enfance, créées sans le savoir par mes parents, sont devenues le tremplin pour les qualités et les forces que j'avais besoin de développer pour remplir ma mission.

Je veux remercier mes frères et mes sœurs pour leur appui continu pendant mon parcours étrange et particulier. Ma sœur Louise a toujours cru en moi et est toujours là pour m'écouter, me comprendre et me soutenir dans mes projets. Son époux Gilles est comme un frère; il a été le premier à recevoir mes traitements à distance et mon premier étudiant en 1998 alors qu'il était en convalescence pour un remplacement de hanche.

Je serai toujours reconnaissant à mes enfants Philip et Benoit, et à leur mère, Marla, pour leur soutien infaillible alors que je naviguais les hauts et les bas de ma recherche de ma vérité intérieure et de mon chemin. Le processus a occasionné des bouleversements dans notre vie lorsque j'ai laissé mon emploi sécuritaire et bien rémunéré d'ingénieur et directeur de projets pour ouvrir une pratique en tant que professionnel de la santé, avec toutes les incertitudes et l'anxiété financière qui s'y rattachaient.

J'ai eu l'honneur de rencontrer beaucoup de mentors et maîtres enseignants incroyables tout au long de mon parcours - mon Maître Reiki Bernard Grenier (Chétan Aseem), Barbara Brennan et tous les professeurs fantastiques de son équipe, Donna Martin - amie, enseignante et mentor de la méthode Hakomi, le défunt Ron Kurtz, fondateur de la méthode Hakomi, Gary Craig, fondateur de la méthode EFT pour son cadeau incroyable et très généreux du Emotional Freedom Technique (je n'ai jamais rencontré Gary; je l'ai plutôt visionné sur de nombreuses vidéos), Lorraine Desmarais, directrice de Cœur Énergétique Montréal, ainsi que son équipe.

Merci aussi à Lorraine qui m'appuie et me guide dans mon processus en tant que ma thérapeute au cours de ces dernières années, et à Yolaine St-Germain qui fut ma thérapeute durant ma formation à l'école de Barbara Brennan.

Je suis aussi reconnaissant pour tous les créateurs des approches sur la guérison que j'ai eu l'honneur d'étudier et d'intégrer; Alexander Lowen et John Pierrakos, cocréateurs de Bioenergetics; John Pierrakos, créateur de Core Energetics et son épouse Eva Brock, créatrice du Chemin de la transformation; Danis Bois, créateur de la SomatoPsychoPédagogie (SPP, anciennement la fasciathérapie); Vianna Stibal, créatrice de ThetaHealing; Richard Gordon pour le Quantum Touch.

Je veux reconnaître tous les écrivains et collaborateurs à la psychologie moderne, de Freud à Reich, et tous les auteurs qui sont venus après. Ils m'ont été une source d'apprentissage et d'inspiration, directement ou indirectement, par le biais des livres que j'ai lus.

Je veux remercier mes amis de mon groupe de Biodanza pour leur présence, leur amour et leur soutien continuel.

Merci à Sylvie Drolet et Dave Caldwell d'avoir été les sujets des photos.

Merci à ceux et celles qui ont bien voulu partager leur expérience et permettre d'inclure leur témoignage de parcours.

160

Merci également à l'ensemble de mes clients et de mes étudiants de m'avoir donné l'occasion d'être à leur service, et de toutes les façons dont ils ont été mes enseignants et m'ont aidé à grandir simplement en étant eux-mêmes.

ANNEXES

<u>Annexe A – Positions de traitement</u>

Les positions illustrées ici sont les positions de base qui sont alignées avec les chakras, les glandes endocrines et les articulations majeures. Ce sont les endroits où l'énergie pénètre le plus facilement dans le champ énergétique.

La durée suggérée pour chaque position est de trois minutes. Au début, il est important de vous accorder ce temps sur toutes les positions afin de vous permettre de bien ressentir l'énergie.

À mesure que vous gagnez en expérience et que vous développez vos habiletés, vous saurez si vous avez à rester plus longtemps ou non sur une position donnée. Suivez votre intuition.

Une fois que vous avez fait toutes les positions de base, vous pouvez imposer les mains sur les autres parties du corps qui ont besoin d'attention, soit celles qui vous attirent ou celles demandées par le client.

Voici le sommaire des positions de traitement.

Positions Sur soi-même	Positions Sur une autre personne
Devant	**Devant**
1-Dessus de la tête	1-Yeux
2-Yeux	2-Tempes
3-Tempes	3-Arrière de la tête
4-Arrière de la tête	4-Cou
5-Épaules	5-Cœur
6-Cou	6-Plexus solaire
7-Cœur	7-Sacrum (devant)
8-Plexus solaire	8-Racine (aine)
9-Sacrum (devant)	9-Genoux
10-Racine (aine)	10-Chevilles
11-Genoux	11-Dessous des pieds
12-Chevilles	
13-Dessous des pieds	
Dos	**Dos**
14-Arrière du plexus	12-Arrière du cœur
15-Sacrum	13-Arrière du plexus
16-Coccyx	14-Sacrum
	15-Coccyx

Positions – Sur soi

Dessus de la tête
(7e chakra)

Yeux
(6^e chakra)

Tempes
(6^e chakra)

Arrière de la tête
(Arrière du 6e chakra)

Épaules

Positions – Sur soi

 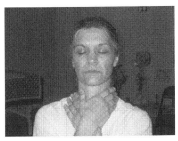

Cou   Cou (position alternative)
(5^e chakra)

Cœur   Plexus solaire
4^e chakra)   (3^e chakra)

Sacrum   Racine (aine)
(2^e chakra)   (1er chakra)

Positions – Sur soi

Genoux

Chevilles   Pieds

Pieds (position alternative)

Positions – Sur soi

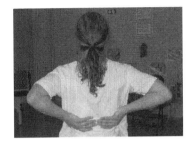 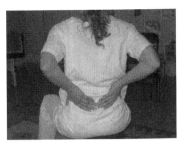

Arrière du plexus solaire   Sacrum

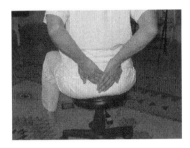

Coccyx

Positions – Sur une autre personne

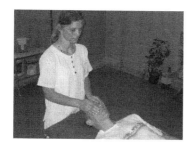 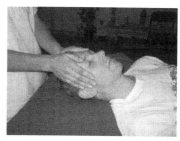

Yeux   Tempes
(6^e chakra)

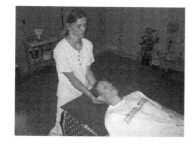 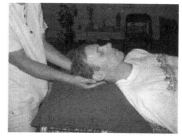

Arrière de la tête (6e chakra)

 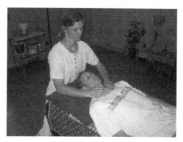

Cou (5^e chakra)

Positions – Sur une autre personne

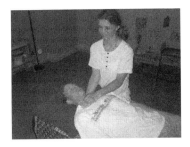 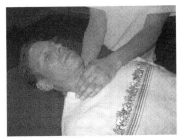

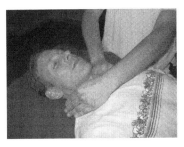

Positions alternatives pour le cou (5^e chakra)

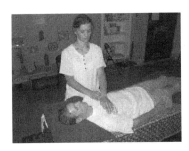 

Cœur (4^e chakra)

Positions – Sur une autre personne

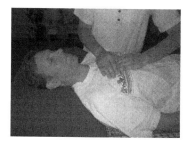
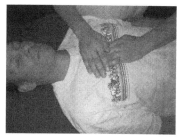

Position alternative pour le cœur (4^e chakra)

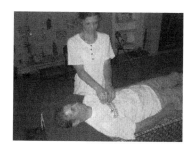
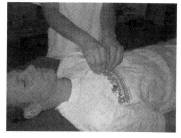

Position alternative pour le cœur (4^e chakra)

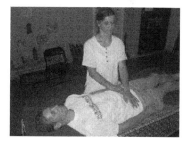

Plexus solaire (3^e chakra)   Sacrum (devant du 2^e chakra)

Positions – Sur une autre personne

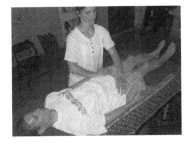 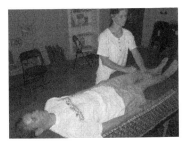

Aine (1er chakra)   Genoux

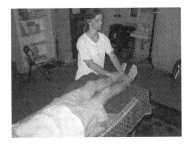

Chevilles

 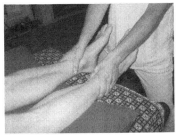

Position alternative pour les chevilles

Positions – Sur une autre personne

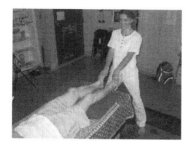 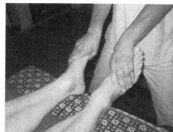

Pieds

 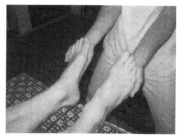

Pieds

Position alternative pour les pieds

Positions – Sur une autre personne

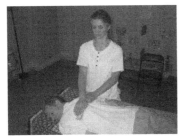 

Arrière du cœur (4e chakra)

Arrière du plexus solaire (3e chakra)

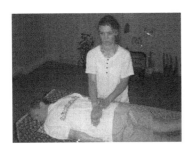 

Sacrum (2e chakra)   Coccyx (1er chakra)

Traitement mental/émotionnel

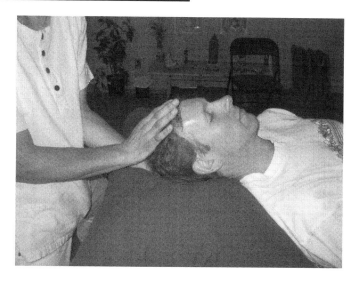

Couronne

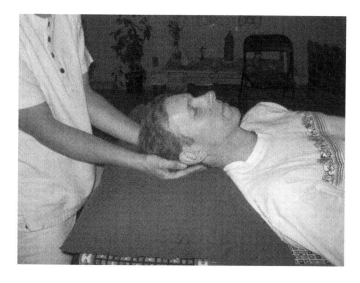

Arrière de la tête

Traitement rapide

Comptez de 15 à 30 secondes à chacune des positions.

 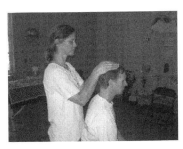

Épaules   Chakra de la Couronne

6^e Chakra   5^e Chakra

4^e Chakra   3^e Chakra

2e Chakra   1er Chakra

Traiter les animaux

Ce qui suit est extrait d'un site Internet qui autorise la reproduction en autant que les crédits de droits d'auteur soient notés. Veuillez vous référer aux notes à la fin de l'article.

Article et images – droit d'auteur Patinkas © 2009-2012

<www.patinkas.co.uk/Chakra_System_of_Animals/chakra_system_of_animals.html>

À noter : Ce n'est pas le but de l'information ci-contre d'être un substitut pour de l'aide professionnelle si vous avez un animal malade, blessé ou que vous pensez qu'il ne va pas bien. Il est toujours recommandé de consulter un vétérinaire qualifié en premier lieu.

Introduction

Les animaux, tout comme les autres êtres vivants, ont un système de chakras. Ce système est un réseau complexe de vortex énergétiques qui vrillent (souvent nommés pétales dans les traditions orientales) et qui parcourent le corps en entier. L'énergie universelle (le Prana, Chi ou Ki) entre et sort des chakras en passant par les méridiens et dans l'aura pour finalement rejoindre le corps physique. L'énergie passe de deux façons : elle entre et elle sort. Donc, chaque pensée, acte et émotion affecte les chakras et est miroité dans l'aura. De même, des stimuli, autant positifs que négatifs, ont un effet sur les chakras et laissent leur trace dans l'aura (incluant les blessures physiques). On retrouve le même processus chez les animaux et les humains.

Pour ceux qui ne sont pas familiers avec le système des chakras, si vous imaginez le corps énergétique (fait de chakras qui sont reliés aux méridiens et contenus dans l'aura) comme étant un engin automobile, et que le corps physique est le véhicule propulsé par cet engin, il n'est pas difficile de comprendre que lorsque le véhicule ne performe pas bien ou est en panne, c'est l'engin qui a besoin d'être réparé ou d'une mise au point, et non la carrosserie. C'est identique pour le corps énergétique. Quand nous réalignons ou que nous rechargeons les chakras, soit les faire tourner en harmonie et à la bonne vitesse, le corps physique se remet à bien fonctionner.

Chakras des animaux

Les animaux ont :

- o 8 chakras majeurs
- o 21 chakras mineurs
- o 6 chakras bourgeons

Les animaux ont 8 chakras majeurs, 21 chakras mineurs et 6 chakras bourgeons. En plus des 7 chakras majeurs que les animaux partagent avec les humains (couronne, 3e œil, cou, cœur, plexus solaire, sacré et racine), il y a un autre chakra majeur qui est unique aux animaux. C'est le chakra Brachial ou Clé. Ce chakra fut découvert par Margrit Coates, énergéticienne renommée qui travaille avec les animaux (site Internet http://www.theanimalhealer.com).

Le chakra brachial est situé sur chaque côté du corps, dans la région des épaules. C'est le centre énergétique principal chez tous les animaux et il se relie directement à tous les autres chakras. C'est le centre qui les relie aux interactions animales/humaines et tout traitement énergétique devrait commencer par ce chakra. Les animaux qui ont un lien fort et sain avec leurs compagnons humains ont normalement un chakra brachial vibrant, parce que c'est le centre dans lequel ce lien est formé et soutenu.

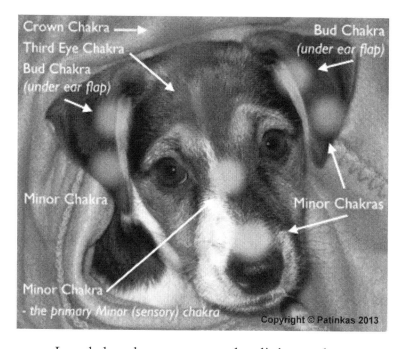

Les chakras bourgeons sont localisés sur chaque patte (pulpe, sabot, etc.) et sur la peau à l'ouverture de la base de chaque oreille (voir l'illustration). Ces chakras sont surtout réceptifs aux vibrations énergétiques subtiles, par exemple, les changements atmosphériques comme une tempête, ou même aux évènements terrestres majeurs comme les tremblements de terre ou les ouragans. Les chakras bourgeons dans les pieds sont souvent utilisés pour repérer des endroits de sources d'énergie dans le sol qui sont bénéfiques pour les animaux. Quand ils découvrent ces endroits, ils pataugeront peut-être le sol avant de s'y coucher ou de s'y rouler (à ne pas confondre avec les fois qu'un chien trouve quelque chose qui sent pour s'y rouler !). Se tenir debout sur un tel endroit peut aussi aider l'animal à s'enraciner.

Les 21 chakras mineurs sur les animaux sont des centres sensoriels et peuvent se trouver, entre autre, sur le nez, la queue et les oreilles. Bien que les chakras bourgeons et mineurs soient des centres énergétiques plus petits que les majeurs, ils sont tout aussi importants et assistent les fonctions des chakras majeurs.

Ci-après : Illustration qui montre les positions des chakras majeurs, le chakra mineur principal et les chakras bourgeons sur les animaux. Bien que l'illustration en est un d'un cheval, l'emplacement est le même pour tous les animaux (en tenant compte de l'échelle et la forme du corps). Voir les illustrations suivantes pour un chien et un chat.

Système des chakras d'un cheval

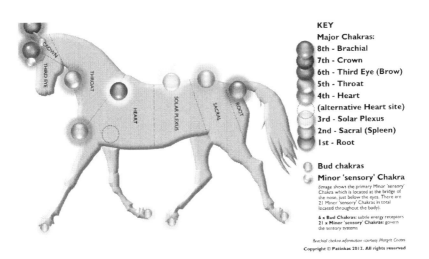

KEY

Major Chakras:
8th - Brachial
7th - Crown
6th - Third Eye (Brow)
5th - Throat
4th - Heart
(alternative Heart site)
3rd - Solar Plexus
2nd - Sacral (Spleen)
1st - Root

Bud chakras
Minor 'sensory' Chakra

(image shows the primary Minor 'sensory' Chakra which is located at the bridge of the nose, just below the eyes. There are 21 Minor 'sensory' Chakras in total located throughout the body).

6 x Bud Chakras: subtle energy receptors
21 x Minor 'sensory' Chakras: govern the sensory systems

Brachial chakra information courtesy Margrit Coates

Survol des chakras des animaux : Emplacement, fonction/but, signes de déséquilibre et parties du corps régies par le chakra, pierres précieuses

Les huit chakras majeurs

Voir les tableaux des pages suivantes.

Chakra	Emplacement	Fonction/but	Signes de déséquilibre	Partie du corps régie par le chakra	Pierre précieuses
Brachial (chakra principal majeur – le traitement devrait commencer ici)	Entre les épaules (sur un cheval, juste au-dessus de l'endroit où le cou rejoint les épaules)	Relie les autres aux chakras majeurs, il est le centre du lien animal/humain, l'endroit où commencer le traitement	Réticence à être touché (autre que pour des raisons médicales évidentes telles que l'arthrite, peau enflammée, etc.) réticence, refus de se connecter	Poitrine, cou, pattes avant, tête	Tourmaline noire (si l'animal est réticent à se connecter), diamant Herkimer, morceau de quartz clair programmé
Couronne	Sur le dessus de la tête, entre les oreilles (sur le chignon pour le cheval)	Connecté à l'esprit	Dépression, retrait	Cerveau, hypophyse, peau, colonne vertébrale et système nerveux autonome, système cranio-sacré	Quartz clair, Azestulite, Tanzanite, Diamant
3e œil	Centre du front, juste au-dessus des yeux	Acceptation de soi	Maux de tête, yeux faibles, distant/distrait	Tête en général, glande pinéale, rythmes naturels du corps, soi mental	Lapis Lazuli, Fluorite Améthyste, Charoïte
Cou	Sur le cou physique (sur les animaux à cou long, au-dessus des cordes vocales)	Communication	Non communicatif ou excessivement bruyant, n'obéit pas aux ordres (demandes lors de dressage)	Gorge, bouche, dents, mâchoire (par contre, souvent causé par la peur primale, les animaux qui rongent excessivement peuvent souvent bénéficier d'un équilibrage énergétique)	Quartz bleu, Agate bleu, Topaze bleu

Chakra	Emplacement	Fonction/but	Signes de déséquilibre	Partie du corps régie par le chakra	Pierres précieuses
Cœur	Seins/devant de la poitrine jusqu'en arrière les pattes avant (en haut du bréchet sur un cheval)	Hiérarchie du troupeau (relations)	Triste (chagrin émotionnel récent/séparation/perte), trop possessif, ne veut pas interagir avec les autres animaux, nerveux autour des autres animaux sans raison connue	Cœur, poumons, système immunitaire, thymus	Quartz rose, Émeraude, Tourmaline rose, Jade
Plexus solaire	Milieu du dos	Pouvoir personnel/sens de soi (souvent appauvri pour les animaux domestiques)	Démoralisé, en retrait, agressif, dominant, sans enthousiasme	Tube digestif, estomac, foie	Citrine, œil de tigre, Ambre, Topaze
Sacré (Rate)	Région lombaire, entre la queue et le milieu du dos (milieu de la croupe pour un cheval)	Sexualité, émotion peuvent être retenues ici (perte émotionnelle d'un partenaire animal, domicile, bébés, etc.). Bonne place pour travailler quand l'animal est sous le choc en attendant ou en route chez le vétérinaire	Trop émotionnel, se lamente sans raison évidente (exclure d'abord les raisons médicales), difficulté avec les limites : c.-à-d. chien/cheval : difficulté à faire la différence entre le temps de travail (dressage) et de jeu (pas en laisse)	Reins, surrénales, système reproductif, système lymphatique	Cornaline, Corail, Calcite orange
Racine	Là où la queue rejoint le corps (quartier arrière)	Survie, enracinement (ce chakra peut se développer facilement chez les animaux en bas de la chaîne de proie, c.-à-d. animaux chassés par les autres)	Excessivement apeuré/réaction de fuir, gourmand, apathique, en sous-poids, agité	Intestins, entrailles, hanches, pattes arrières, système musculaire global	Hématite, Grenat, Jaspe rouge, Unakite

187

Il n'est pas surprenant que les sens ou les instincts des animaux soient beaucoup plus sensibles et aiguisés que ceux des humains (bien que certains animaux soient plus développés que d'autres, par exemple, les dauphins). Donc, les chakras des animaux sont en général plus lumineux et plus grands que les nôtres. Leur sixième sens puissant émane de leur centre sensoriel primaire : un des 21 chakras mineurs. Celui-ci est localisé sur la voûte des fosses nasales, en dessous du 3e œil ou chakra sourcil. Les animaux sont constamment en train d'absorber et de traiter de l'information sensorielle; beaucoup plus que les humains parce qu'ils se fient à l'instinct pour survivre. En plus d'utiliser leurs chakras bourgeons tel que décrit plus haut, on peut aussi les voir se frotter contre un arbre, se rouler par terre ou même sur leurs compagnons animal ou humain pour stimuler un chakra. Par contre, un animal qui a subi un traumatisme physique, mental ou émotionnel peut ne pas être toujours capable de réparer le déséquilibre énergétique et c'est pourquoi nous voyons des signes de maladie ou malaise.

Chacun des chakras correspond à un aspect du soi; la pensée, les émotions, les sens, l'instinct, etc. Tout en gouvernant les mêmes régions physiques, les chakras de l'animal se sont, par contre, développés ou ont évolué légèrement différemment de ceux des humains. Ceci peut être encore plus raffiné entre les animaux sauvages et les animaux domestiques. Par exemple, vous aurez tendance à voir un chakra du cœur plus développé chez les animaux sauvages (fort instinct de troupeau) en plus d'un chakra racine plus prononcé (sens de survie plus fort). Chez un cheval sauvage, vous verrez une réponse de fuite (plexus solaire) plus prononcée qu'un pur-sang, qui est une espèce artificielle. Il y a aussi la stérilisation et la castration qui affectent beaucoup le chakra sacré (rate).

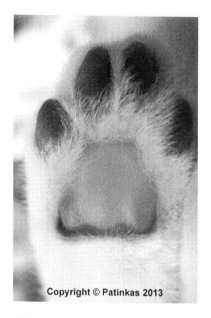

Copyright © Patinkas 2013

Ci-contre : Photo démontrant la localisation du chakra bourgeon sur une patte de chat.

21 chakras mineurs

Localisation : à travers le corps

Fonction : gouverne le système sensoriel. Le chakra mineur le plus important est localisé à la voûte des fosses nasales, en dessous des yeux (sous les sourcils ou le chakra du 3e œil – voir les diagrammes).

Chakras bourgeons

Localisation : un sur la base de chaque pied (deux sur les oiseaux) et un à la base de chaque oreille – juste à l'ouverture sous le rabat.

Fonction : sens, récepteurs d'énergétiques subtiles

Ci-dessous : Illustration démontrant les localisations des chakras majeurs, le chakra mineur primaire (sensoriel) et le chakra bourgeon sur un chien et un chat.

Système des chakras d'un chien

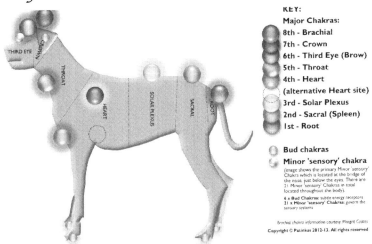

Système des chakras d'un chat

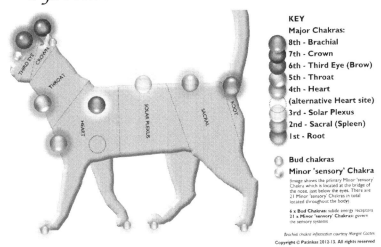

À gauche, chakra mineur sensoriel d'un chien

À droite, même photo dans laquelle les chakras sont visibles (majeurs, mineurs et bourgeons)

Utilisation de cet article

Vous êtes libre de vous servir de cet article à des fins personnelles, ou de le reproduire en entier (sur papier ou sur Internet), y compris les illustrations (il nous plaisir de partager notre travail). Si vous décidez de le faire, nous vous demandons simplement d'indiquer que les droits d'auteur appartiennent à Patinkas tel que montré ci-dessous.

En ce qui concerne les photos et les illustrations, placez e texte suivant sur les droits d'auteur dans un endroit visible : « Photo (tous droits réservés) – gracieuseté de Patinkas © 2009. »

En ce qui concerne les textes, placez le texte suivant sur les droits d'auteur dans un endroit visible : « Article (tous droits réservés) – gracieuseté de Patinkas © 2009. »

Si vous désirez des images sans le texte de droits d'auteur (afin que vous puissiez indiquer notre information sur les droits d'auteur séparément), veuillez nous contacter par courriel et nous vous ferons parvenir les images en format .JPG ou .GIF (veuillez SVP spécifier le format désiré).

L'équipe Patinkas.

191

Annexe B – Se trouver un Maître Reiki – questions à poser

Avant de choisir le Maître Reiki avec lequel vous désirez faire un apprentissage, veuillez envisager de lui poser les questions ci-après énumérées. J'inclus mes réponses à ces questions, dont quelques-unes peuvent être une répétition de ce qui est déjà dans le livre.

Enseignez-vous la méthode traditionnelle Usui originale ou une autre ?

J'enseigne la méthode traditionnelle Usui de Reiki comme elle m'a été enseignée. C'est le système à quatre niveaux créé par le Dr Arthur Robertson.

Je n'ai rien ajouté à cet enseignement traditionnel autre que de donner un survol du champ énergétique et des chakras ainsi que l'enracinement.

Si vous faites des recherches sur Internet, vous trouverez des variations au Reiki, souvent avec un ajout, ex. Reiki plus. Il est suggéré de demander à la personne quels sont les ajouts qui ont été faits, d'où ils proviennent et pourquoi elle a choisi de procéder à ces ajouts à l'enseignement traditionnel.

Quel est le nombre maximal d'étudiants que vous acceptez dans vos cours ?

Lorsque j'ai commencé à enseigner, j'acceptais un maximum de huit étudiants pour les différents niveaux. Je suis maintenant à l'aise d'enseigner et de soutenir un groupe de douze étudiants sans enlever d'intimité au groupe ou allonger le temps de la formation au-delà de onze à douze heures.

L'apprentissage en groupe est une expérience riche. L'étudiant peut rencontrer des personnes avec des intérêts communs avec lesquelles il peut partager et apprendre durant la formation. Chaque partage ajoute à ce qui est enseigné.

L'énergie collective du groupe crée un champ énergétique puissant qui renforce l'énergie du Reiki dans la pièce. Ceci augmente la capacité d'absorption des énergies du Reiki durant les initiations et les échanges de traitement.

Quelle est votre lignée de Maîtres Reiki ?

Si vous êtes curieux de connaître la lignée des personnes qui ont enseigné le Maître Reiki que vous rencontrez, vous pouvez poser cette question. Vous pouvez trouver la mienne à l'annexe C.

Depuis combien de temps enseignez-vous le Reiki et le faites-vous souvent ?

J'enseigne depuis 1997 et je continue de le faire plusieurs fois par année, surtout depuis que j'ai ouvert mon bureau en 2002. J'enseigne présentement les niveaux 1 et 2 quatre fois par an, le niveau 3, deux fois par an, et le niveau maître lorsque j'ai des étudiants. J'ai formé environ douze Maîtres Reiki jusqu'à présent.

Est-ce que j'aurai la chance de pratiquer durant le cours ?

Durant mes cours, les étudiants ont la chance de se donner eux-mêmes un traitement, d'en échanger un avec une autre personne, et de faire l'expérience de recevoir et donner un traitement de groupe.

Il est important que je puisse observer, assister et guider au besoin. Plusieurs questions me sont posées par les étudiants à la suite des pratiques des traitements et des

194

initiations. Ces questions sont une importante source d'apprentissage.

Il est arrivé quelques fois que des novices se soient évanouis en donnant un traitement pour la première fois ou du moins d'avoir très chaud en canalisant l'énergie. Sans un temps de pratique durant la formation, le Maître Reiki ne peut répondre aux questions des étudiants ni être avec eux lors de ces expériences qui peuvent être fort désagréables pour le donneur et le receveur.

Quels sont les différents niveaux de la méthode que vous enseignez ?

Dans la méthode que j'enseigne, il y a 4 niveaux :

Reiki 1 – pour se traiter soi-même et autrui. Ce niveau est surtout axé sur la guérison de soi.

Reiki 2 – enseignement des trois symboles qui intensifient le traitement et permettent de traiter à distance. On apprend aussi une variation de la technique qui s'appelle Reiki émotionnel/mental.

Reiki 3 – enseignement du premier symbole du maître et d'une technique d'harmonisation.

Maître Reiki – niveau d'enseignement.

À chacun des niveaux, je revois les principes de Reiki et tout ce qui n'est pas clair des niveaux précédents, et j'accorde du temps pour que les étudiants partagent leurs expériences des formations précédentes, des traitements qu'ils ont donnés et de leur pratique courante.

195

Combien d'heures comporte chaque niveau ?

La durée de mes formations s'étend au-delà du minimum exigé par l'Association canadienne de Reiki auprès de laquelle je suis enregistré comme enseignant.

Reiki 1

L'Association canadienne de Reiki exige un minimum de huit heures d'enseignement pour le niveau 1. J'enseigne ce niveau en dix à douze heures, soit un soir et une journée complète. Je crois que ce temps est nécessaire pour une première introduction à l'énergie et une meilleure intégration des enseignements; la nuit offre un temps d'intégration.

Reiki 2

L'Association canadienne de Reiki exige un minimum de huit heures d'enseignement pour le niveau 2. J'enseigne ce niveau en une journée de huit heures.

Reiki 3

L'Association de Reiki exige un minimum de huit heures pour le niveau 3. J'enseigne ce niveau en un minimum de huit heures, incluant l'enseignement principal, les travaux exigés et la rencontre individuelle avec l'étudiant pour terminer.

Les travaux sont en forme de questions sur lesquelles réfléchir et écrire. Je demande aussi aux étudiants de produire des rapports sur deux de plusieurs traitements effectués en personne et à distance. Cette manière de procéder m'assure que l'étudiant s'exerce pour approfondir tout ce qu'il a appris.

Lorsque je reçois les travaux, je les commente et les renvoie. J'émets le certificat lors de la rencontre finale durant laquelle l'étudiant peut poser des questions et partager son expérience.

Ce ne sont pas tous les Maîtres Reiki qui offrent ce suivi. À mon avis, à ce niveau, le suivi est inestimable pour l'étudiant/praticien qui envisage souvent de pratiquer de façon plus régulière ou même professionnelle.

Niveau maître

L'enseignement à ce niveau débute par un rituel d'initiation puissant et l'introduction d'un nouveau symbole. La méthode pour enseigner est transmise plus tard au moment propice.

Certains Maîtres Reiki offrent la formation sur une période de plusieurs mois soutenue par des travaux et des rencontres périodiques. D'autres offrent l'enseignement sans ce soutien, mais restent disponibles pour répondre aux questions et guider la personne au besoin.

Je demande aux participants d'étudier avec moi pour une durée de huit mois à un an en commençant par le rituel initiatique suivi d'assistance durant mes formations, de lectures et de travaux échelonnés sur la période en question.

L'étudiant en maîtrise avance à son propre rythme et bénéficie d'un contact prolongé avec moi. Il est aussi soutenu par la revue et les commentaires sur les travaux. De cette façon, je m'assure qu'il intègre les enseignements et est présent aux cours sans avoir à enseigner ou apprendre le matériel. Il est alors disponible pour observer mes enseignements et ma façon d'enseigner sans la pression d'avoir à performer.

En outre, j'appuie les étudiants s'ils veulent commencer à pratiquer et développer une clientèle. Je leur demande aussi d'organiser un partage de Reiki ou d'y assister.

197

La formation se complète lorsque qu'ils ont satisfait à toutes les exigences et qu'ils ont intégré le cœur de la méthode. Ils pourront alors recevoir, accompagner, soutenir et guider les étudiants qui viendront vers eux à travers tous les niveaux. Je suis assuré qu'ils transmettront les enseignements à partir du cœur et d'une bonne expérience.

Le programme est ajusté aux besoins personnels de l'étudiant.

Combien d'initiations y a-t-il à chaque niveau ?

Reiki 1 – ce niveau comprend quatre rituels d'initiation énergétique.

Reiki 2 – ce niveau comprend deux rituels d'initiation énergétique.

Reiki 3 – ce niveau comprend un rituel d'initiation énergétique.

Niveau maître – ce niveau comprend deux rituels d'initiation énergétique.

Donnez-vous un certificat pour chaque niveau ?

Je remets un certificat à chaque niveau, signé en tant qu'enseignant enregistré avec l'Association canadienne de Reiki.

Peut-on changer de Maître Reiki en passant d'un niveau à l'autre ?

Oui, vous êtes complètement libre de choisir un Maître Reiki différent pour chaque niveau si vous le désirez. Ceci vous offre une perspective différente et permet de voir comment chaque Maître Reiki a intégré la méthode dans ses enseignements et dans sa vie.

Ce qui importe surtout, c'est de suivre une formation offerte par une personne avec laquelle vous vous sentez bien. Elle aura bien intégré le Reiki dans sa vie, car si elle ne l'a pas bien intégré, elle ne peut pas bien l'enseigner.

Si vous changez de Maître Reiki, assurez-vous d'avoir en mains un certificat pour chaque niveau, car il est fort probable qu'un nouveau Maître Reiki demande de le voir avant d'accepter de vous enseigner.

Offrez-vous un suivi à vos étudiants ?

Il est important qu'un Maître Reiki soit disponible pour répondre aux questions qui pourraient survenir lors de l'intégration de l'enseignement, surtout dans les trois ou quatre semaines qui suivent la formation.

Certains Maîtres Reiki organisent des séances de pratique (partages de Reiki) où les personnes peuvent poser des questions et s'échanger des traitements.

À la suite des niveaux 1 et 2, je reste disponible aux étudiants afin de répondre aux questions occasionnelles soulevées durant leur période d'intégration. Comme il est mentionné précédemment, les niveaux 3 et maître ont un suivi plus élaboré.

Je rends aussi mon bureau disponible pour les partages de Reiki qui sont animés par des Maîtres Reiki que j'ai formés et je suis moi-même présent lorsque je suis libre.

Êtes-vous membre d'une association de Reiki ?

Il existe plusieurs organisations de Reiki. Je suis membre de l'Association canadienne de Reiki <www.reiki.ca>.

Annexe C – Lignée des Maîtres Reiki de Roland Bérard

MIKAO USUI

Dr CHURIJO HAYASHI

HAWAYO TAKATA

IRIS ISHIKURO

Dr ARTHUR ROBERTSON

ROGER FOISY

BERNARD GRENIER (CHETAN ASEEM)

ROLAND BÉRARD

<u>**Annexe D – Ressources Reiki**</u>

Vous allez trouver ci-après quelques-uns de mes livres préférés ainsi qu'une sélection de musique.

Livres

Reiki

Horan P. (2004). *Reiki, Soigner, se soigner : L'énergie vitale canalisée par vos mains* (traduction, A. Derouet-Delmont). Nouv. éd. Paris : Éd. Medicis.

Ce livre reste toujours un de mes favoris sur le Reiki. Paula présente merveilleusement bien cet art de guérison qui tire son origine du Tibet.

Lübeck, W. (1993). *Les voies du cœur* (traduction, C. Gauffre). Paris : G. Trédaniel.

J'aime beaucoup la façon dont Walter présente le Reiki dans ce livre et comment il tisse le lien avec le cœur et la manière de travailler avec l'enfant intérieur.

Mary, R. (2005). *Le Reiki Aujourd'hui : De l'origine aux pratiques actuelles.* Barret-su-Méouge, FR : Le Souffle d'Or.

Ronald présente dans ce livre les différentes formes que le Reiki a prises depuis le début et décrit brièvement chacune d'elles. Un très bon livre de référence.

Champ énergétique

Brennan, B. A. (1993). *Le pouvoir bénéfique des mains* (traduction, A. Sinet). Paris : Sand.

Un livre classique sur le champ énergétique et la guérison énergétique. Barbara présente le champ énergétique, les chakras, les stratégies de défense, et bien d'autre facettes de la guérison. Vous y trouverez des réponses à beaucoup de vos questions.

Brennan, B. A. (1995). *Guérir par la lumière* (traduction, F. Austin). Paris : Tchou.

Dans ce livre Barbara présente, d'une façon moins technique que dans son premier livre, le champ énergétique et le cheminement de la guérison. Elle décrit bien les interactions énergétiques interpersonnelles et présente des manières d'être avec une personne qui est dans ses défenses. Elle introduit aussi les dimensions du Hara et du Noyau Étoilé (Core Star).

Musique

Reiki Whale Song, Kamal

Très bel entrelacement de chants de baleines; cette musique génère une ambiance relaxante et nourrissante propice aux traitements.

Transformation - Music for Massage, Michael Benghiat

Très relaxant : je l'utilise souvent.

Crystal Silence I - The Silence Within, Robert Haig Coxon

La répétition douce sur ce CD est très méditative.

By Celtic Waters, Ashmore/Willow Sanctuary

Encore un CD que j'aime beaucoup avec ses sons de nature.

Essence, Deva Premal

Ceci est le CD classique de Deva sur lequel elle chante des mantras sacrés en Sanskrit. J'aime beaucoup utiliser ce CD qui crée une belle ambiance pour faire un traitement.

Embrace, Deva Premal

Un autre CD de Deva qui contient de belles chansons et des mantras.

Reiki Hands of Light, Deuter

Ce CD est très bien : musique douce pour élever l'esprit. Je l'utilise souvent lors de traitements et d'initiations.

Reiki Offering, Shastro et Nadama

Un autre CD léger et très bon à utiliser durant les traitements.

Annexe E – Recherche sur le Reiki

Il y a beaucoup de recherches qui se font sur le Reiki pour valider son efficacité et lui donner une crédibilité. Le Reiki est déjà largement établi dans les hôpitaux et les centres de santé.

Voici quelques sites Internet qui soutiennent ou présentent la recherche sur le Reiki. La documentation est surtout disponible en anglais.

Site Internet en français

Energy Touch
- <http://energytouch.blogspot.ca/2011/04/des-etudes-scientifiques-sur-le-reiki.html>

Ce site présente des études scientifiques sur le Reiki (aux É.-U.).

Sites Internet en anglais

Center for Reiki Research
<www.centerforreikiresearch.org>

Le « Center for Reiki Research » a été fondé par William Rand. Vous pouvez vous joindre au site gratuitement et avoir accès à l'information qui s'y trouve.

Reiki, Medicine and Self Care, Pamela Miles
<www.reikiinmedicine.org/medical-papers>

Ce site renferme plusieurs articles soutenant le Reiki.

Reiki Council - <www.reikicouncil.org.uk>

Plusieurs études sur le Reiki sont disponibles sur ce site.

Reiki Australia - <www.reikiaustralia.com.au>

Ce site présente la recherche sur le Reiki de 1995 à 2011.

Annexe F – Témoignages de parcours

Cette annexe renferme des témoignages de parcours de quelques personnes qui ont cheminé avec moi.

Jean Beaulieu, Maître Reiki

Depuis plusieurs années, je chemine dans une voie qui me rassasie énormément. Environ un an avant ma première initiation, j'ai vécu beaucoup d'événements intenses qui m'amenèrent à beaucoup de découvertes sur moi. Lorsque ces événements furent terminés, j'avais en moi une forte intuition de créer un mouvement nouveau dans ma vie.

Alors, j'ai décidé de vivre l'expérience du Reiki. J'ai demandé qu'on me guide pour trouver un Maître Reiki avec une éthique de l'énergie qui me convienne. C'est là que j'ai trouvé le site de Roland et que j'ai amorcé ma démarche.

Le soir du niveau 1, je fus rempli d'une énergie si agréable et si puissante que je me sentais un avec la création. Je me rappelle qu'après la soirée, je suis arrêté manger dans un restaurant très achalandé et pas en harmonie. J'y ai placé le Reiki et le calme et l'harmonie se sont installés instantanément. Je ressentais même les gens devenir conscients d'un changement versus leur ancien état.

Lorsque je suis arrivé chez moi, ma conjointe avait des douleurs au dos et à la tête. J'ai placé ma main sur l'arrière de son dos et j'ai ressenti un vague d'énergie couler à travers moi et se répandre en elle. Elle a été très surprise de la puissance de cette énergie. Elle fut totalement soulagée. Le soir même, je me suis endormi avec le Reiki et ce fut une magnifique nuit d'un repos profond. À mon réveil, j'étais habité par le Reiki et je sentais un immense bien-être. Je plaçais le Reiki partout. J'ai ressenti lors de cette première initiation le grand sens sacré de ce niveau 1, soit la grande vibration, si agréable, de l'Énergie Universelle de la force de vie.

Cette fin de semaine fut pour moi révélatrice et ce ne fut, à ma grande surprise, qu'un début. Je m'explique. À tous les jours, je me faisais un traitement et j'en ressentais un immense bienfait. J'appliquais le Reiki à pratiquement tout et je voyais clairement l'impact qu'il avait sur les situations, la matière et les gens. Le soir, lorsque je couchais mon bébé, je lui faisais un traitement et je voyais qu'il s'endormait plus rapidement et qu'un bien-être l'habitait.

D'ailleurs, ça fait exactement deux ans que, pratiquement tous les soirs, je lui fais un traitement de Reiki. À me voir constamment pratiquer le Reiki, la plus âgée de mes filles se fait un autotraitement tous les soirs (elle a 6 ans) et elle adore offrir ses services quand quelqu'un ne se sent pas bien. Elle est très bonne et très efficace.

La semaine suivant mon niveau 1, je me suis acheté trois livres et j'ai fait mon adhésion à l'Association canadienne de Reiki. Mon but était de faire mes vingt-quatre cas dans les trois mois suivants; à ma grande surprise j'en ai fait cinquante-quatre. Plus je faisais du Reiki, plus le Reiki me parlait à l'intérieur pour me guider sur ce que j'avais à transformer et sur le sens de ma vie. Je ressentais le Reiki me purifier autant, sinon plus, que les personnes que je traitais. Les gens avaient beaucoup de résultats. J'ai traité en ma première année près de deux cent cinquante personnes. Sur ce nombre, près de 90 % eurent un bénéfice direct et l'autre 10 % a peu ressenti, mis à part un grand bien-être. Parmi les 10 % que j'ai pu suivre de loin, leur vie s'est doucement transformée; les événements qu'elles vivaient semblaient, à mon égard, vouloir les amener plus loin.

J'ai même eu à quelques reprises des gens qui ne croyaient en rien. Après un traitement, leur vie venait de basculer; leurs yeux étaient maintenant ouverts à cette dimension. Voilà pourquoi je peux dire que ce n'était qu'un début. Mon plus grand émerveillement, malgré toutes ces belles transformations et guérisons que j'ai vues chez les gens, c'est la présence du Reiki en moi. Une présence qui me parle, qui m'inspire, qui m'active et qui quelquefois me

« pousse ». Je ressens sa résonnance en moi et je vois quelquefois sa fluidité vriller doucement autour de moi.

Je peux dire que mon aventure Reiki s'est déroulée rapidement et m'a fait vivre continuellement toutes sortes de découvertes intérieures. Chaque fois que j'ai suivi un autre niveau, je sentais que mon être était prêt et qu'il avait soif de cette nouvelle étape. Je me sentais mûr, comme si mon âme attendait cet événement.

Lors de mon niveau 2, je n'aurais pas cru pouvoir avoir un contact si fort avec les symboles. Chacun de ces symboles m'a grandement inspiré et a activé en moi une nouvelle lumière. Depuis mon initiation aux symboles, je peux dire qu'ils ne sont pas une technique que j'applique, mais plutôt des amis énergétiques qui m'accompagnent, m'appuient et me soutiennent. Je sens en moi leur présence et chaque fois que je les active, c'est comme s'ils étaient des êtres agissant par eux-mêmes. Je ressens qu'il me reste encore beaucoup à découvrir dans ma relation avec les symboles. J'ai le sentiment que je recevrai beaucoup de cadeaux d'eux.

Je suis extrêmement heureux de mon cheminement. Je sens que ce souffle nouveau en moi m'aidera énormément dans la réalisation de mon plan de vie. Aujourd'hui, je suis plus moi-même, plus présent, plus habité et plus inspiré. Je sens que le Reiki ajuste continuellement mon être et que je suis solidement sur mon chemin d'évolution. Je reconnais davantage mon plan de vie dans le quotidien. Je ressens une plus grande confiance en mes capacités énergétiques. Je suis plus apte à faciliter la guérison. Je sens que ma présence de chaque instant harmonise, illumine et guérit.

Merci Roland de ton accompagnement, de ton évolution et de ton intention. Je suis convaincu que mon expérience Reiki n'aurait pas été tout à fait la même si elle n'avait pas été soutenue par ta vibration, ton amour, ton sens de l'éthique de l'énergie, ton approche de garder tout simple et de travailler avec les fréquences, ta maîtrise de l'enracinement et de l'alignement du hara, ta présence aimante, ton sens du sacré, ton amour du Reiki et de l'énergie et ta continuelle attention à nous garder dans la présence. Tout cela, j'en suis sûr, m'a permis de vivre une expérience des plus divines. Ça m'a permis de vivre un contact privilégié avec l'énergie du Reiki. Le Maître Reiki que tu es m'inspire et me guide. Tu es un excellent modèle d'aidant et de sagesse que je désire multiplier en initiant à mon tour. Merci, merci, merci.

Namaste - Jean

Dimitra Panaritis, Maître Reiki

Le Reiki bénéficie à mon corps, mon esprit et mon environnement.

Le Reiki me transforme à chaque fois. Après chaque traitement, mon monde extérieur reste peut-être le même, mais ma vision change.

Je suis heureuse et dans un état de béatitude parce que je suis, simplement.

Le Reiki m'apprend à laisser tomber les attachements, les attentes et les réponses.

Le Reiki me permet de faire l'expérience de la perfection d'être Une avec l'Univers.

Le Reiki m'inculque la paix, l'amour, la joie, la passion, la sécurité intérieure et la foi que tout est parfait tel que c'est.

Le Reiki guérit pour faire en sorte que mon moi véritable puisse se révéler.

Merci Roland pour ta guidance, ta gentillesse et ta générosité qui m'ont donné le courage d'amener ma pratique de Reiki à un autre niveau.

Gratitude pour toujours,

Dimitra Panaritis

Barbara Plascencia, Maître Reiki

Le niveau 1

Le niveau 1 du Reiki Usui fut une expérience très intense pour moi. J'ai entendu parler du Reiki pour la première fois d'une personne qui l'utilisait pour se guérir d'un cancer. J'étais entrée et sortie de l'hôpital quelques fois durant toute une année entre 2002 et 2003. Les médecins ne pouvaient pas comprendre ce qu'était mon problème. Ils pensaient au début que c'était mon appendice alors ils l'ont enlevé, mais la douleur est revenue. À la suite de l'obtention de plusieurs opinions, un médecin m'a finalement dit que cette douleur était causée par le stress. Je me suis dit que c'était impossible pour moi d'être stressée. J'aimais tout de ma vie et je ne me considérais pas stressée. Le Dr A. M. m'a suggéré de prendre des pilules pour contrôler ma douleur mais je n'ai ressenti aucune amélioration en les prenant.

Pour une raison ou une autre, cette technique mystérieuse nommée Reiki continuait de me venir à l'esprit. Suivant l'élan, j'ai décidé de suivre la formation. J'avais 19 ans. Quand je me suis présentée à la formation, il y avait des gens de tous les milieux qui avaient différentes raisons de suivre la formation. Ces gens n'étaient pas tous malades comme je l'étais. Certains venaient pour l'ajouter au massage, d'autres faisaient des deuils et d'autres encore étaient sur un chemin spirituel. J'étais impressionnée d'être dans une salle pour apprendre quelque chose dont je ne savais à peu près rien.

Je ne pouvais m'arrêter de pleurer durant la première initiation. Je pensais à ma vie et à ma relation avec mon père. J'ai réalisé qu'il était temps de pardonner pour ce qui m'avait blessé. J'avais du ressentiment envers lui pour ne pas avoir été plus présent même si je n'aimais pas vraiment être près de lui. Je ne pouvais pas comprendre pourquoi ces pensées me montaient à l'esprit. J'étais là pour guérir une douleur à l'estomac !

Lorsqu'est venu le temps de pratiquer un traitement, j'ai vu des images d'un hôpital et d'une personne qui faisait ses adieux; la femme que je traitais était en train d'essayer de se remettre de la mort de son mari, et ce que je lui décrivais résonnait en elle. Lorsqu'elle m'a donné un traitement en échange, le Maître Reiki est passé près de ma table et a mis sa main sur mon estomac et ma douleur est disparue presqu'instantanément.

Je ne pouvais pas comprendre ce qui se passait. Je me suis dit même quelques fois que cette histoire n'avait aucun sens, mais c'est bien comme ça que cela s'est passé. Après la formation, j'ai continué d'utiliser le Reiki sur moi-même et au fil du temps j'ai appris que la guérison spontanée ne peut se faire par la volonté et que le Reiki est surtout un complément pour la médecine traditionnelle.

Le niveau 2

Le niveau 2 m'est venu à un temps très spécial de ma vie. J'étais au Canada depuis deux mois environ et j'avais décidé de continuer ma formation. Je me souviens que mon cousin avait été diagnostiqué d'un cancer à seulement 17 ans. J'ai demandé lors de la formation si nous pouvions lui envoyer un traitement à distance. Parce que je vis très loin, je savais peu sur les traitements qu'il recevait, mais je me souviens que ma famille au Mexique avait de la difficulté à trouver une solution. À la suite du traitement à distance, une solution s'est présentée et le cancer n'y est plus; aujourd'hui mon cousin est en vie et en bonne santé. Est-ce que c'était le Reiki ? Ou non ? Je ne le saurai jamais. Tout ce que je sais, c'est qu'après le traitement quelque chose s'est ouvert pour qu'une solution se présente.

216

Le niveau 3

Quand je suis arrivée au niveau 3 du Reiki Usui, j'étais face aux choix que j'avais faits à dix-neuf ans. Le troisième niveau de Reiki fut un niveau de croissance personnelle et d'ouverture. J'ai commencé à partager le Reiki de plus en plus et à me sentir beaucoup mieux sur mon propre chemin. Je n'avais aucune idée que je me rendrais au quatrième niveau, mais une année plus tard, je m'y suis présentée.

Le niveau maître

Le niveau maître fut un grand défi pour moi. J'avais commencé à partager plus sérieusement mon histoire avec les autres. J'ai appris ce qu'était le champ électromagnétique et l'impact qu'il pouvait avoir sur les gens. J'ai pris conscience que d'être un Maître Reiki n'était pas quelque chose à prendre à la légère car il porte la responsabilité de transmettre une technique très importante à ceux qui viennent l'apprendre. Je pensais prendre le niveau maître simplement pour rendre honneur à la tradition qui m'avait apporté la guérison, mais je me suis rendu compte que je me suis plutôt rendue à ce niveau parce que j'étais prête, sans le savoir, à partager l'énergie universelle d'amour qu'est le Reiki. J'aimerais bien pouvoir expliquer ce qui s'est passé pour moi à ce niveau mais je ne trouve pas les mots. Le Reiki est une technique surprenante qui fonctionne à tous les niveaux de votre vie et peu importe combien de temps vous essayez de le comprendre, c'est votre expérience qui peut vraiment le faire.

En général

Avoir intégré le Reiki dans ma vie m'a amenée à explorer des domaines que je ne pensais jamais toucher. J'ai eu l'opportunité de rencontrer des personnes incroyables et de réaliser beaucoup de rêves. Je suis quand même consciente que beaucoup de personnes réalisent leurs rêves sans utiliser le Reiki.

J'ai utilisé le Reiki pour retrouver des objets perdus, pour demander la santé et même quelques fois pour demander des bonnes notes de cours et la sagesse pour les obtenir. Le Reiki a été un outil merveilleux qui fonctionne, que vous y croyez ou non.

Karine Lapointe, praticienne de Reiki

On se pose souvent des questions, à savoir le véritable sens de la vie, le pourquoi de l'existence. On essaie de comprendre le sens de l'injustice, des malaises, des maladies...

Ma mère était malade durant toute mon enfance et encore maintenant, elle est atteinte d'une maladie dégénérative, la fibromyalgie. Pourquoi doit-elle vivre cette souffrance et pas les autres ? À la suite de ces multiples interrogations et de mon désir et mon besoin d'aider les gens que j'aime, le Reiki s'est présenté à moi, telle une véritable révélation. Avec cette brève initiation, je pourrais ainsi aider ma mère dans son quotidien à alléger ses souffrances. Je pourrais lui transmettre à mon tour tout l'amour qu'elle m'a apporté. Ce pourrait être ma façon de lui dire merci. Voilà que je me suis inscrite dans le but ultime d'aider les autres. Je voulais également trouver ma voie, mon véritable chemin de vie et mon rôle sur terre.

Voilà que tout s'apprêtait à changer. J'ignorais à quel point le Reiki serait le plus beau cadeau que je pouvais m'offrir. En voulant créer le bien pour les autres, j'ignorais que le bien serait en premier offert à moi-même. Quand la vie n'est qu'un brouillard suivi de questionnements et qu'on est en quête de sens, où est mon chemin ? Je n'avais pas réalisé que je m'égarais; à vouloir tout faire en même temps, je n'avançais pas.

Le Reiki est le phare qui nous éclaire au loin. Au commencement, il y a les initiations, la pratique et la purification de 21 jours. Je me suis fait du Reiki à tous les jours, je me sentais de plus en plus reposée. Je voyais plus clair sur mes questionnements envers la vie. Les blocages émotifs, les peines refoulées par rapport à des événements perturbants de ma vie ont été évacuées. J'ai longuement pleuré même si, en fait, je ne pleure jamais. J'ai compris que cette période était une grande purification de mon être. Dans la vie on a tendance à prendre soin de notre physique, mais on oublie notre mental, on oublie notre âme. Je ressens maintenant que tous les blocages ont été exprimés par les pleurs. Sur le coup, c'est difficile à comprendre mais après, ça procure le plus grand bien.

Je me sens maintenant légère. Je suis épanouie et heureuse. Je comprends mieux mon corps; je sais maintenant que je dois être à l'écoute de celui-ci qui m'envoie des messages. Je comprends mieux ma voix intérieure et je fais davantage confiance à mon intuition.

Le Reiki permet de se reconnecter à notre moi intérieur. J'ai longtemps refusé d'entendre les messages de mon intuition et de mon corps et je me suis égarée. Maintenant je suis à l'écoute et je reprends pleinement confiance en moi et à mes capacités. J'aide également les gens de mon entourage à retrouver le chemin et le bien-être par les traitements que je fais.

Depuis mes initiations au Reiki, je suis connectée à mon corps et à la spiritualité. Cela m'a guidée vers la méditation et le sens de la vie. Depuis, j'ai fait une panoplie de rencontres extraordinaires. Il y a sur mon chemin une série d'événements qui me permettent d'avancer. Je rencontre des gens qui m'apportent des réponses à mes questionnements et je prends conscience que ce n'est pas le fruit du hasard.

Nous sommes tous connectés les uns aux autres et j'ai appris par la lecture à faire des demandes concrètes à la vie. Tout ce que je demande se manifeste. Ça me permet de croire en moi, en mes capacités de changer les choses et à devenir une meilleure personne. Je veux à mon tour apporter du bien aux autres. Par ce témoignage, je remercie Roland Bérard de m'avoir initié au Reiki. Cela a changé ma vie et tout a maintenant un sens.

Merci énormément. Des personnes comme toi font un grand bien sur cette Terre remplie de noirceur. Ça apporte la lumière et le cheminement vers l'éveil.

Taline Bedakelian, Maître Reiki

Avant de prendre ma première formation en Reiki, j'étais une personne constamment insatisfaite et malheureuse. Il me semblait que j'étais toujours en recherche de quelque chose - pourquoi, je n'en savais rien. Je sentais que j'avais une mission à accomplir sans savoir ce qu'elle était et je ressentais une pression parce que je voyais le temps passer et je ne faisais pas encore ce que je devais faire.

J'ai toujours eu l'habileté de savoir intuitivement ce que les autres personnes ressentaient et ce qu'elles vivaient mais je ne savais pas comment intégrer cette habileté dans ma vie. Tout au contraire, je voulais la désactiver parce qu'elle ne me servait pas. Je souffrais beaucoup à l'intérieur et je ne savais pas gérer cette souffrance. J'ignorais l'origine de ma misère et de ma peine.

Le Reiki fut un cadeau divin pour moi. Lorsque je fus initiée, j'ai senti instantanément que j'avais enfin trouvé ce que je cherchais depuis si longtemps. J'ai senti que la misère et la peine furent soudainement soulevées de mes épaules et que je pouvais enfin commencer à voir la vie et mes expériences à travers une lentille plus claire. Je sentais que je n'étais plus seule et que j'étais soutenue dans les bras les plus aimants. J'ai ressenti un soutien et un amour qui me venaient de l'au-delà. Le niveau 1 de Reiki m'a définitivement laissée dans une place de paix, de joie, d'amour et d'harmonie.

Le niveau 2 de Reiki a été un plus grand défi. Il a éveillé un mécontentement et une frustration en mon âme. Il a débuté mon cheminement de regard intérieur et de découverte de qui j'étais et quels étaient mes enjeux. Il a engendré un chaos qui m'a forcée à changer des situations de vie qui ne servaient plus à ma croissance. Il m'a mise sur le chemin de questionnement de croyances que je portais toute ma vie durant.

Le niveau 3 de Reiki apporta plus de paix dans ma vie tout en continuant ma purification intérieure. Je suis maintenant beaucoup plus consciente de moi-même. Je commence à voir quels sont mes enjeux, leur pourquoi, ainsi que leurs origines. La purification intérieure et le chaos prenaient de la vitesse et je les traverse beaucoup plus rapidement. J'apprends à rester en paix peu importe ce qui se passe. Des souvenirs d'enfance remontent qui avaient été bloqués pendant des décennies. C'est une période d'un grand défi, mais j'évolue néanmoins à grands sauts depuis la dernière année et demie.

Ce ne veut pas dire que cela a été facile. Au contraire, j'ai dû chercher et trouver de l'aide pour éclaircir une grande partie de ma peine intérieure. J'ai aussi réalisé que j'avais besoin de me purifier pour faire place à plus d'amour, de compassion et d'énergie. Chaque fois que je fais de l'espace pour plus d'énergie, mon habileté à aider les autres augmente et je peux canaliser une plus haute vibration.

Annexe G – Thérapies efficaces et outils de transformation personnelle

Dans la première partie de cette annexe, je présente les approches que j'ai personnellement étudiées et fait l'expérience et que je considère des thérapies efficaces pour la croissance et la transformation personnelle sur le chemin de la guérison.

Ensuite, je présente brièvement d'autres approches qui m'ont attiré et que j'ai étudiées ou sur lesquelles j'ai lu beaucoup. Toutes ces approches ont influencé ma façon de travailler avec mes clients.

Toutes sont enseignées en en faisant l'expérience de sorte que les enseignements soient intégrés à travers un processus personnel durant l'apprentissage.

J'ai étudié et intégré les approches suivantes dans ma pratique :

- Le Reiki – Diplômé comme Maître Reiki en 1997.

- Science de guérison de Barbara Brennan – Diplômé du programme de quatre ans en 2002 et du programme avancé de deux ans en tant qu'enseignant en 2005.

- Le Hakomi – Thérapeute depuis 2005 et formateur de la méthode depuis 2009.

- Emotional Freedom Technique – Je détiens les certificats originaux de base (2003) et avancé (2004) émis par Gary Craig lorsqu'il a introduit la formation avec Patricia Carrington. Ceux-ci ont été remplacés par la formation certifiée que je n'ai pas poursuivie.

- ThetaHealing – Cours de base et avancé en 2002.

- Somato-psychopédagogie et Fasciathérapie (Danis Bois) – Certificat de 1er cycle en 2011.

J'ai présentement complété la deuxième année du programme de quatre ans en Cœur Énergétique (Core Energetics). J'ai fait beaucoup de travail personnel suivant cette approche à l'école de Barbara Brennan et dans ma thérapie personnelle.

Les approches décrites ici seront sûrement d'intérêt pour toute personne voulant approfondir son processus personnel et/ou sa formation professionnelle.

Qu'est-ce qu'une thérapie efficace ?

Chaque personne a sa porte d'entrée vers la guérison. Il y a beaucoup de différentes approches disponibles aujourd'hui. Aucune n'est magique et bonne pour tous. Pour une même personne, une approche pourrait aussi être plus appropriée à un moment donné qu'à un autre.

Beaucoup de changements se sont produits depuis que Freud a introduit la thérapie dans notre société moderne. Certaines des thérapies analytiques et certains autres modèles utilisant surtout le dialogue ont évolué pour inclure la globalité corps/esprit.

Selon mon expérience personnelle, les thérapies qui incluent la globalité corps/esprit sont plus rapides, efficaces et durables parce qu'elles contournent la pensée rationnelle et atteignent les endroits dans le corps où les émotions sont retenues et piégées. Le corps ne ment pas.

Je peux vous expliquer pendant toute une journée ce que goûte une fraise juteuse, mais si vous n'en avez jamais fait l'expérience, je ne pourrai pas vraiment vous transmettre la sensation de son goût. La seule façon est de faire vous-même l'expérience. Il en va de même pour les images et les croyances qui causent la souffrance. Je ne peux pas vous convaincre que vous n'avez pas à tout faire seuls et qu'il y a de l'aide disponible autour de vous si vous avez la croyance qu'il n'y aura jamais personne là pour vous. La seule façon de transformer cette croyance est que vous fassiez l'expérience de laisser quelqu'un vous aider.

Une fois que vous en avez fait l'expérience, vous ne pouvez pas la nier. De nouvelles possibilités d'être se présentent lorsque ces expériences sont répétées et le changement peut se faire de façon durable.

Les thérapies centrées sur le corps se servent de la globalité corps/esprit pour accéder au matériel de fond. Les gestes, la posture, le langage du corps, les tensions musculaires et les comportements habituels, le ton de la voix, se rouler les yeux, sont quelques-unes des façons dont le corps peut être indicateur des images et des croyances que vous détenez sur le monde en général.

Le travail énergétique libère les endroits qui sont figés dans le champ énergétique et vous amène à vivre des expériences plus harmonieuses. Le travail centré sur le corps libère les blocages et les émotions afin qu'ils puissent être ressentis et vous guider sur le chemin de la transformation. Le premier pas, et le pas-clé sur le chemin de la guérison, est d'amener à la conscience ce que nous ne pouvions pas voir. Ceci conduit aux expériences transformatrices qui rendent la vie plus nourrissante et plaisante.

La combinaison du travail énergétique, du travail centré sur le corps et du travail de conscience sont des outils puissants et rapides pour la transformation lorsqu'utilisés par un thérapeute et une personne qui est curieuse et disposée à explorer ses émotions, ses croyances et les images qui sont retenues en profondeur. Le travail nécessite une intention claire, du courage, de la détermination et du temps, mais les résultats se font voir en bout de ligne.

Malgré tout, il y a des moments où il est nécessaire de parler pour faire du sens à ce qui se présente. Quand on peut en faire du sens, il est plus facile de laisser aller la colère ou la résistance reliée à l'expérience; c'est seulement là que le pardon peut se faire. Ceci ouvre le chemin pour la transformation des croyances et des images. Il faut souvent passer par la pensée rationnelle pour recadrer l'expérience ou en faire du sens. C'est pourquoi le raisonnement, le dialogue et la rationalisation ont leur place dans la thérapie holistique dans laquelle ils ne sont pas les seules options offertes ou les seuls outils de travail.

J'espère que vous prendrez le temps sur votre chemin d'explorer quelques-unes de ces approches pour votre propre développement, et ce, afin de pouvoir accéder à la joie et la passion comme vous ne le l'auriez jamais imaginé.

Les thérapies et outils utilisés par l'auteur

La science de guérison énergétique de Barbara Brennan

La méthode

La science de guérison énergétique de Barbara Brennan s'apprend en une formation de quatre années à l'école Barbara Brennan School of Healing. C'est un programme intensif qui enseigne à faciliter la guérison en travaillant profondément dans les quatre dimensions du Champ Énergétique Humain – le physique, l'aura (chakras et corps énergétiques), le Hara (dimension de l'intention) et le Noyau Étoilé (Core Star, l'essence pure).

Le curriculum de base inclut environ 60 techniques pour travailler sur ces quatre dimensions ainsi que le Haut Sens de Perception (HSP, voir et percevoir le champ énergétique), la conscience cellulaire, le développement personnel par les habiletés psychospirituelles d'éveil de conscience, et la pratique professionnelle. Il inclut aussi des cours sur la façon de faire le pont entre les médecines traditionnelles et la communauté de médecine complémentaire et alternative (MCA).

Ce curriculum est enrichi de projets annuels en art, en cérémonie, d'un projet pratique en dernière année et d'une présentation d'un cas clinique.

Le développement de l'étudiant est soutenu au cours des quatre années par la thérapie (individuelle et en groupe) ainsi que par un suivi étroit et un mentorat par les professeurs. La personne diplômée est alors en mesure d'avoir un contact profond avec elle-même et sa clientèle pour faciliter le processus de guérison.

Le programme est reconnu par l'état de la Floride comme Bac en Sciences Énergétiques. L'école continue de poursuivre l'accréditation dans tous les autres états des É.-U. Barbara Brennan a fondé son école en 1982.

Mme Brennan a une expérience scientifique solide, ayant travaillé pour la NASA comme physicienne. Elle a fait un cheminement personnel profond. Elle est thérapeute en Core Energetics, Facilitatrice du Chemin de la Transformation (Pathwork Helper), et elle détient un doctorat en physique et un doctorat en théologie.

Comme on me demande souvent de comparer le Reiki à la Science Brennan, j'ai publié un article sur le sujet qui est disponible sur mon site Internet. Cet article présente les similarités et les différences entre les deux approches.

<www.rolandberard.com/Production/FR/MesArticles.htm>

Comment j'intègre cette méthode dans mon approche globale

Le travail énergétique (combinaison du Reiki et de l'approche Brennan) est le cœur de ma pratique.

Je fais une lecture du champ énergétique avant chaque traitement et je fais le suivi du progrès au fil des traitements.

À moins qu'il soit spécifiquement demandé de ne pas faire de travail énergétique, je fais normalement un équilibrage énergétique lors de la première séance pour ouvrir le champ énergétique et permettre à l'énergie de circuler librement.

Lors des séances subséquentes, je fais le travail au besoin, malgré qu'il y a toujours une transmission énergétique de par la façon que je prépare et maintiens mon propre champ énergétique durant les séances. Le champ de la cliente s'ajuste au besoin par induction.

J'ai développé une méthode de Suivi sur Diagramme des Chakras© qui démontre de façon visuelle le progrès d'ouverture du champ énergétique et les endroits qui ont besoin de soutien. Vous pouvez en prendre connaissance sur mon site Internet :

<www.rolandberard.com/Production/FR/charteGuerison.htm>

Livres

Livres en français

Brennan, B. A. (1993). *Le pouvoir bénéfique des mains* (traduction, A. Sinet). Paris : Sand.

Un livre classique sur le champ énergétique et la guérison énergétique. Barbara présente le champ énergétique, les chakras, les stratégies de défense et bien d'autres aspects. Vous y trouverez des réponses à beaucoup de vos questions.

Brennan, B. A. (1995). *Guérir par la lumière* (traduction, F. Austin). Paris : Tchou.

Dans ce livre, Barbara présente d'une façon moins technique que dans son premier livre, le champ énergétique et le cheminement de la guérison. Elle introduit aussi les dimensions du Hara (intention) et du Noyau Étoilé (Core Star).

Livres en anglais

Brennan, B. A. (1999). *Seeds of the spirit*. Barbara Brennan Inc.

Il s'agit d'une série de livres qui contiennent les canalisations reçues par Barbara Brennan de son guide Heyoan durant les formations à l'école. Il y a un livre pour chaque année scolaire durant laquelle les sujets du moment sont traités par Heyoan.

Ces canalisations sont mises sous forme de prose pour les rendre plus faciles à lire.

<u>Site Internet</u>

BBSH, Barbara Brennan School of Healing. Barbara Brennan

Le Hakomi

La méthode

Donna Martin, formatrice en Hakomi, dit « Le Hakomi est une méthode expérientielle de découverte de soi assistée qui se sert de « petites expérimentations en écoute consciente » pour révéler comment l'expérience est organisée par des habitudes, attitudes et croyances inconscientes.

Le Hakomi est thérapeutique lorsqu'il est utilisé pour la guérison d'enjeux émotionnels ou psychologiques. Le Hakomi est aussi efficace dans les situations au quotidien telles que les relations, au travail et en tant que parent. »

En Hakomi :

- Nous utilisons la pleine conscience pour créer un état intérieur dans lequel nous pouvons observer ce qui est présent dans le moment.

- Nous retenons une attitude d'expérimentation.

- Nous focalisons sur l'expérience du moment présent et sommes plus intéressés au raconteur qu'à son histoire. Nous ne nous attardons pas sur le passé ni sur le futur, mais sur ce qui se passe dans le moment présent.

- Nous visons ce qui fait du bien en créant des expériences nourrissantes pour transformer les croyances, images et habitudes qui nous ont amenés à l'expérience manquante de laisser entrer ce qui peut être bon.

Le Hakomi se base sur cinq principes :

- La pleine conscience, soit l'observateur neutre intérieur de ce qui est présent maintenant.

- La globalité corps/esprit, soit le fait que tout ce qui se vit dans le corps est relié à ce qui se passe dans l'esprit et vice-versa.

- La non-violence, en ne forçant jamais pour traverser un blocage, de la peur ou de la résistance mais plutôt de les soutenir afin qu'ils puissent être vus, entendus, reconnus, compris et dissous dans un contenant aimant et sécuritaire.

- L'organicité, soit le fait que la guérison est un processus spontané de nature organique, ainsi que le fait que toutes les ressources se trouvent à l'intérieur de la personne et qu'elles émergeront si on crée les conditions qui invitent l'inconscient à se sentir assez en sécurité pour se montrer, coopérer et même guider le processus de guérison.

- L'unicité, soit le fait que nous sommes tous reliés et que tout ce qu'une personne fait affecte les autres.

Le rôle du thérapeute Hakomi est d'écouter et de suivre plutôt que de parler et diriger en suivant à la trace et en contactant l'expérience du moment présent tout en étant en présence aimante, une habileté clé enseignée dans la méthode.

Lorsque ces conditions sont en place, le Hakomi est une voie directe et rapide pour rejoindre l'inconscient et est une thérapie très efficace.

Le Hakomi fut créé par le défunt Ron Kurtz qui a été influencé entre autres par la BioÉnergie, le Feldenkrais, le Gestalt, le Bouddhisme et le Tao Te Ch'ing. L'utilisation de la pleine conscience et la technique de prendre en charge sont deux des approches novatrices créées par Kurtz.

Les bases de la méthode Hakomi s'apprennent dans un programme de deux ans et une personne est certifiée lorsqu'elle peut démontrer une compétence soutenue à deux formateurs.

Le Hakomi est enseigné dans plusieurs pays par l'Institut Hakomi depuis les années 70.

La Méthode raffinée de découverte assistée de soi fut développée plus tard par Ron Kurtz. Cette méthode raffinée est enseignée par le Hakomi Educational Network (HEN), un réseau d'enseignants et formateurs formés par Ron et ses formateurs.

Comment j'intègre cette méthode dans mon approche globale

Le Hakomi est complètement intégré à mon approche. J'essaie de tout faire à « la façon Hakomi » et je l'utilise en partie ou durant toute la séance avec ma clientèle. Le Hakomi m'a appris à bien suivre l'expérience présente et de la contacter afin que la personne puisse se rendre compte que je suis complètement présent et que je suis ce qui se déroule. Le Hakomi m'a enseigné à faire confiance à l'organicité et à la spontanéité du processus de guérison et de suivre le client plutôt que de diriger la séance. Il m'a aussi montré à tendre vers ce qui est nourrissant et de soutenir les résistances plutôt que d'essayer de les défoncer.

Encore plus important, le Hakomi m'a permis de passer de « faire » un travail de facilitation en guérison à « être » avec mon client. Ce qui doit arriver émerge alors sans effort et la guérison se fait plus rapidement et de façon plus organique.

C'est pourquoi je me présente comme un facilitateur en guérison plutôt qu'un énergéticien ou un thérapeute.

Livres

Livre en français

Kurtz, R. S., et Prestera, H. (1989). *Ce que le corps révèle* (traduction, J. Busiaux). Paris : Éd. Greco.

Le livre de Ron Kurtz a été écrit avant qu'il crée la méthode, mais présente bien comment le corps retient des émotions, les expériences passées et les façons d'être. Il contient des idées sur les blessures et comment s'y prendre pour travailler avec elles quand elles se présentent. C'est un bijou pour tous ceux qui travaillent avec le corps.

Livres en anglais

Kurtz, R. S. (1990). *Body-Centered psychotherapy: The Hakomi Method.* Mondocino, CA: LifeRhythm.

C'est le premier livre de Kurtz sur la méthode et il contient tous les éléments de son travail original dont la plupart sont encore très pertinents.

Johanson, G, & Kurtz, R. S. (1991). *Grace unfolding: Psychotherapy in the spirit of the Tao-te Ching.* New York, NY: Bell Tower.

Ce merveilleux livre démontre comment le Hakomi est le Tao Te Ch'ing de la psychothérapie. Un résumé est disponible en français sur cette page Internet :

<http://www.focusingquebec.qc.ca/ressources/Docum entations/Esprit_du_Tao/esprit_du_tao.html>

Fisher, Rob. (2002). *Experiential psychotherapy with couples: A guide for the creative pragmatist.* Phoenix, AZ: Zeig, Tucker and Theisen Inc.

Ce livre nous montre de façon extraordinaire comment le Hakomi peut être utilisé pour travailler avec des couples en thérapie. La présence aimante, la pleine conscience, une attitude expérimentale et le fait d'aller vers ce qui est nourrissant d'une manière non violente facilitent rapidement la guérison des blessures et améliorent la dynamique dans la relation de couple.

Barstow, Cedar. (2007). *Right use of power: The heart of ethics*. Boulder, CO: Many Realms Publishing,

   Ce livre présente les différents aspects du pouvoir. Il démontre comment l'utiliser dans votre pratique si vous êtes thérapeute. Mme Barstow est une formatrice en Hakomi de longue date et applique la théorie et la pratique du Hakomi dans ce livre. Il est tout aussi nuisible de ne pas utiliser son pouvoir que de mal l'utiliser.

Ogdon, P., Minton, K., & Pain, C. (2006). *Trauma and the body: A sensorimotor approach to psychotherapy*. New York, NY: W. W. Norton & Company.

   Ce livre est un bijou sur le traumatisme et introduit l'approche Sensiromoteur développée par Pat Ogden. Il inclut un chapitre sur le Hakomi et la façon de l'intégrer à cette approche. Mme Ogden est formatrice en Hakomi.

Sites Internet

Hakomi Educational Network
<www.hakomiway.ca>

The Hakomi Institute – USA
<www.hakomiinstitute.com>

Emotional Freedom Technique (EFT ou Technique de libération émotionnelle)

<u>La méthode</u>

La méthode a été créée par Gary Craig après avoir étudié le Thought Field Therapy (TFT) avec le Dr Roger Callaghan. Gary a simplifié et raffiné la technique afin qu'elle puisse être utilisée facilement pour toute difficulté.

Simplement, le EFT est une forme émotionnelle d'acupuncture sans aiguilles. Nous tapotons avec les doigts sur certains méridiens alors que la personne est syntonisée sur le problème. La théorie courante dit que « la cause de toute émotion négative vient d'une perturbation du système énergétique du corps ».

Sur son site internet original <emofree.com>, Gary Craig disait « La méthode EFT est fondée sur de nouvelles découvertes impressionnantes concernant les énergies subtiles du corps humain. On a déterminé qu'elle était efficace pour les traumatismes, le stress et l'anxiété, les peurs et phobies, la dépression, les dépendances, les problèmes d'enfance et une centaine d'autres symptômes physiques tels que maux de tête, douleurs corporelles et difficultés respiratoires. Bien utilisée, plus de 80 % des clients voient une amélioration ou une résolution du problème.

- Elle réussit souvent dans les cas où les autres méthodes ont échoué.

- Elle est souvent rapide, de longue durée et douce.

- Aucune drogue ni équipement n'est utilisé.

- Elle est facile à apprendre.

- Elle peut être appliquée sur soi. »

La méthode est maintenant largement utilisée et reconnue des professionnels de la santé tels que médecins, enseignants, coachs de vie, thérapeutes, psychologues et autres. Bien que l'association des psychologues des É.-U. ne l'endosse pas encore, il y a beaucoup de recherche qui se fait pour soutenir son éventuelle reconnaissance.

Gary Craig a pris sa retraite en 2011 après avoir si généreusement offert le matériel de formation et de ressource à coût minime à travers les vidéos et les séminaires qu'il a préparés et donnés.

Gary Craig - Fondateur

Depuis sa retraite officielle en 2011, Gary Craig a créé un nouveau site Internet - <www.emofree.com>

Il a aussi une vidéo d'enseignement (en anglais) qu'il a nommé « l'art de livraison » dans laquelle il démontre et commente les points clés de la méthode et l'art de la livrer afin que le praticien devienne plus efficace - <www.emofree.com/eft/overview.html>

EFT Universe

EFT Universe a été créé, juste avant la retraite de Gary Craig, par des passionnés de la méthode afin de promouvoir le EFT et de donner des formations certifiées.

Site Internet - <www.eftuniverse.com>

Vous pouvez télécharger le manuel gratuitement sur ce site et louer des vidéos. Le tout est en anglais mais il y a une page en français.

Comment j'intègre cette méthode dans mon approche globale

Je trouve le EFT très efficace et rapide et souvent j'ai des résultats surprenants. Je l'enseigne à presque toute ma clientèle et je l'utilise dans presque toutes mes séances.

Cette méthode m'a permis de découvrir, de développer mon intuition, de lui faire confiance et de la suivre. Ceci m'a permis de passer de « faire » la technique à « l'art » de la livrer.

À ma grande surprise, j'ai découvert en prenant des lectures sur les chakras avant et après avoir utilisé le EFT, qu'en travaillant sur les méridiens, il agit sur les chakras pour les ouvrir.

Livres sur la méthode

Gary Craig a écrit plusieurs livres sur les différentes applications de la méthode qui sont très utiles. J'en ai lu beaucoup et surtout aimé ceux qui suivent :

Livre en français

Craig, Gary. (2012). *Le manuel d'EFT : Emotional Freedom Techniques* (ouvrage publié sous la direction de C. Carru). Paris : Dangles éd.

Livres en anglais

Craig, Gary. (2008). *EFT for PTSD (Post Traumatic Stress Disorder)*. Fulton, CA: Energy Psychology Press.

Craig, Gary. (2010). *EFT for weight Loss*. Fulton, CA: Energy Psychology Press.

Il y a beaucoup d'autres livres écrits sur le EFT par divers auteurs et praticiens de la méthode.

<u>Sites Internet</u>

Gary Craig
<www.garythink.com>

EFT Universe (section française)
<www.eftuniverse.com/index.php?option=com_content&vie
w=category&layout=blog&id=998&Itemid=3152>

Système familial intérieur (SFI)

<u>La méthode</u>

Dans cette méthode, Richard Schwartz présente une façon géniale de travailler avec toutes nos parties intérieures qui prennent un de trois rôles principaux, la plupart inconscients :

- Gérants – les parties qui gèrent notre expérience, souvent avec une intention bienveillante de nous protéger de quelque chose de « mauvais ».

- Pompiers – les parties qui agissent comme pompiers lorsque nous faisons face à une situation qui dans le passé fut traumatisante et demande maintenant une réaction rapide de survie.

- Exilés – les parties de nous que nous n'avons pas pu laisser vivre par peur d'être ridiculisé ou blessé et que nous avons mises de côté ou occultées.

Schwartz introduit le Soi Essentiel, la partie qui sait très bien comment gérer notre vie et le fera une fois que nous reconnaissons son existence et permettons à son savoir intérieur, sa sagesse et son intuition de contribuer et de prendre l'initiative.

Le SFI est très utile et efficace pour amener à la conscience et transformer ces parties en alliées afin que leur sagesse acquise ne soit pas perdue mais qu'elle serve plutôt à enrichir l'expérience de vie. Ceci libère la partie esclave et victime de ces parties qui ont été créées à un jeune âge comme mécanisme de survie.

De nouvelles possibilités émergent alors pour créer une vie nourrissante à partir du Soi Essentiel.

244

Comment j'intègre cette méthode dans mon approche globale

J'ai découvert le livre sur le SFI lorsque je faisais un stage en Hakomi à l'Île-du-Prince-Édouard en feuilletant des livres que le formateur Greg Johanson avait apportés pour nous partager.

J'ai été tellement happé par ce que je lisais que j'ai lu la moitié du livre en une soirée et j'ai tout de suite saisi ce qui était avancé par Schwartz. J'ai immédiatement intégré les concepts dans mon travail avec ma clientèle lorsqu'il était évident qu'une partie de l'inconscient prenait charge et contrôlait l'expérience.

La méthode est devenue une des clefs dans mon approche et se marie merveilleusement bien avec le Hakomi et l'EFT.

Livres

Livre en français

Schwartz, R. C. (2009). *Système familial intérieur, blessures et guérison : un nouveau modèle de psychothérapie* (traduction, M. Vazire, L. Holdship, F. Le Doza). Issy-les-Moulineaux : Elsevier-Masson.

Livre en anglais

Schwartz, R. C. (2008). *You are the one you've been waiting for: Bringing courageous love to intimate relationships.* Eugene, OR: Trailheads.

Site Internet

Institut francophone Self Leadership
<http://ifs-francophonie.com/self-leadership-2/>

ThetaHealing

La méthode

Le ThetaHealing fut créé par Vianna Stibal alors qu'elle se guérissait d'une tumeur cancéreuse. Dans la méthode, on travaille directement avec le Créateur, Dieu ou la Source pour passer une commande de guérison et ensuite témoigner de ce qui se passe.

Elle peut être utilisée pour maintes choses, incluant l'activation de l'ADN et travailler avec les croyances, les mémoires et les traumatismes.

Bien qu'elle soit simple à utiliser, elle peut être puissante.

Comment j'intègre cette méthode dans mon approche globale

Je l'utilise surtout pour activer les brins d'ADN afin de libérer le potentiel original des personnes. Ceci permet de catalyser le développement de ce plein potentiel.

J'utilise à l'occasion les autres aspects de la méthode lorsque cela semble approprié.

Livres (disponibles en anglais seulement)

Stibal, Vianna. (2000). *Go up and work with God*. Roberts, ID: Rolling Thunder Publishing.

Stibal, Vianna. (2006). *Theta Healing*. Idaho Falls, ID: Rolling Thunder Publishing.

Site Internet

Theta Healing
<www.thetahealing.com>

246

L'utilisation du son pour la guérison

<u>La méthode</u>

Vous avez probablement déjà fait l'expérience d'être affecté par des musiques différentes, ou de vous détendre à en écouter. Je suis certain que vous vous êtes déjà fait brasser par les fortes vibrations des caisses de son d'un band jouant du blues ou du rock. Probablement qu'elles vous ont incité à vous lever et danser.

Le corps physique est en fait de l'énergie tel que démontré par la formule de relativité de Einstein, $E=MC^2$. Comme le son est une vibration, les cellules, qui sont composées d'atomes, protons et électrons, répondent à la vibration et peuvent relâcher l'énergie retenue de la même façon que l'ultrason est utilisé pour désintégrer des pierres aux reins.

Barbara Brennan (1995, p. 154) donne la note pour chacun des chakras dans *Guérir par la lumière*. Jonathan Goldman (1996, p. 118) décrit les sons de voyelles associés aux chakras dans *Healing Sounds – The Power of Harmonics*.

Chakra	Note (Brennan)	Son de voyelle (Goldman)
7e chakra – Couronne	Sol	EEE
6e chakra – 3e Œil	Ré	AYE
5e chakra – Gorge	La	EYE
4e chakra – Cœur	Sol	AH
3e chakra –Plexus solaire	Fa	OH
2e chakra – Sacré	Ré	OOO
1er chakra - Racine	Sol (en bas du dos central)	UH

247

Il est possible de faire plus d'une vibration à la fois avec la voix en combinant la forme de la bouche avec le placement de la langue et en utilisant les cavités nasales. Ceci produit des harmoniques qui sont très efficaces pour la guérison.

Les moines tibétains sont reconnus pour leur habileté de faire des sons à très basse fréquence avec leur voix comme on peut l'entendre sur divers enregistrements et CD. Les vibrations qu'ils produisent nous aident à nous enraciner. La méditation « OM » est une autre façon puissante d'utiliser le son pour altérer les états de conscience et aligner les chakras.

Différentes approches utilisent des variations de vibrations générées par les diapasons, les bols tibétains, les bols de cristal et la voix pour dénouer les nœuds énergétiques et libérer les émotions et les tensions musculaires.

Comment j'intègre cette méthode dans mon approche globale

J'ai pris connaissance de l'impact du son sur le physique à l'école de Barbara Brennan où j'ai visionné un film du Dr Guy Manners qui nous montrait des grains de sable sculptés en formes 3D par des ondes acoustiques. Mme Brennan utilisait aussi le son dans ses démonstrations de séances de guérison.

À la suite de ma lecture du livre *Sound Healing* de Jonathan Goldman, j'ai commencé à expérimenter et ensuite à incorporer régulièrement le son dans mon travail en faisant des harmoniques sur les chakras et sur les parties du corps en besoin. Ces harmoniques influencent les chakras et les blocages énergétiques. Cela semble très bizarre pour les personnes traitées et souvent déclenche des rires incontrôlables.

Livres (disponible en anglais seulement)

Goldman, J. (1996). *Healing sounds: The power of harmonics*. Boston, MA: Element Books.

Kenyon, T. (1994). *Brain States*. United States Publishing.

Sites Internet

Healing Sounds, Jonathan Goldman
<www.healingsounds.com>

Tom Kenyon, Guérisseur par le son
<www.tomkenyon.com>

Cœur énergétique (Core Energetics, CE)

<u>La méthode</u>

Le but du CE est de permettre à l'essence pure de s'exprimer librement pour créer de la joie et du plaisir plutôt que de la douleur et de la souffrance. Le travail du CE est de transformer et surmonter les obstacles qui empêchent la personne de laisser exprimer son essence.

Le CE fut créé par John Pierrakos qui avait auparavant développé la BioÉnergie avec Alexander Lowen. Les deux étaient des disciples de Wilhelm Reich, lui-même disciple de Freud.

John Pierrakos intégra les principes et les techniques de la BioÉnergie avec la dimension spirituelle du Chemin de la transformation (voir la description plus loin dans cette annexe). Le CE est la seule approche centrée sur le corps que je connaisse qui inclut le travail de conscience en se servant des aspects du Soi Supérieur, du Soi Inférieur et des masques.

Dans le CE, nous travaillons avec le corps pour libérer les blocages énergétiques retenus dans l'armure, soit les endroits où l'énergie est accumulée et retenue dans les tensions et les muscles. Nous aidons les personnes à devenir conscientes des aspects spirituels négatifs en elles et de l'impact sur leur réalité en plus de limiter l'expression de joie et de plaisir dans leur vie.

<u>Comment j'intègre cette méthode dans mon approche globale</u>

Barbara Brennan, elle-même thérapeute CE, intégrait beaucoup d'aspects du CE dans le travail de processus personnel à son école. Je fus inspiré par les aspects du CE reliés au corps et à la conscience à la suite de mon expérience à l'école de Brennan et je les inclus dans mon travail au besoin.

Une fois que j'aurai complété ma formation en tant que thérapeute CE, j'appliquerai la méthode plus directement avec ma clientèle.

Livre

Pierrakos, J. C. (1991). *Le noyau énergétique de l'être humain ou Les sources intérieures de l'amour et de la santé* (traduction, S. Mouton). Paris : Sand.

Sites Internet

Institute of Core Energetics
<www.coreenergetics.org>

Cœur Énergétique Montréal
<www.coeurenergetique.ca>

La fasciathérapie - SomatoPsychoPédagogie - Méthode Danis Bois

La méthode

Somato - en relation avec le corps

Somato-Psycho - Connexion corps/esprit

SomatoPsychoPédagogie - se servir de ce qui émerge pour rééduquer et offrir des nouvelles possibilités applicables à sa vie.

Danis Bois est un physiothérapeute et ostéopathe qui découvrit un mouvement interne inné dans le corps, indépendant de tout autre mouvement du corps, qui a un rythme de deux cycles par minute, ou quinze secondes par direction. Ce mouvement, nommé Mouvement Interne ou Sensoriel, est interrompu ou cesse complètement lorsqu'une partie du corps souffre d'un traumatisme ou d'une blessure et perd la sensibilité, la perceptivité et la mobilité. Essentiellement, la personne a perdu sa connexion avec soi.

Danis a exploré ce mouvement en profondeur et a développé une méthode pour ramener le client en contact avec soi en traitant le fascia, une fine membrane qui recouvre, entre autre, les tissus des muscles et des organes et qui retient la mémoire de tous les traumatismes vécus par le corps. Le praticien, en présence, induit des mouvements lents et directionnels avec interruptions périodiques sur les différentes parties du corps, ce qui restaure le mouvement et le biorythme ainsi que la cohérence dans le corps.

Le résultat est une rééducation des systèmes du corps pour retrouver la sensibilité, la mobilité et l'habileté de percevoir. Il a un impact profond sur la connexion avec soi. Le client retrouve le contact avec son corps, devient curieux de l'origine des déconnexions et peut-être du pourquoi, et

252

avec l'aide du thérapeute, peut commencer à appliquer ce qui émerge pour créer de nouvelles possibilités dans sa vie.

Cette approche tient compte de la relation entre le corps, les pensées, le mouvement et l'action.

La méthode utilise les cinq outils suivants :

- L'introspection sensorielle - méditation centrée sur le corps;
- La thérapie manuelle;
- La gestuelle sensorielle;
- L'entretien verbal;
- L'écriture.

La méthode est utile pour toute personne souffrant de douleurs ou de mobilité réduite dans le corps, ou qui sent qu'elle a perdu la connexion avec elle-même, et pour toute autre personne qui veut se remettre en contact avec son corps.

Comment j'intègre cette méthode dans mon approche globale

J'utilise la méthode lorsque je sens le besoin de travailler directement sur le corps physique en plus de faire un travail énergétique.

Livres

Bois, Danis. (2006). *Le moi renouvelé : Introduction à la somato-psychopédagogie.* Paris : Éditions Point d'appui.

Bois, D., Josso M. C., & Humpich, M. (2009). *Sujet sensible et renouvellement du moi : les contributions de la fasciathérapie et de la somato-psychopédagogie.* Ivry : Point d'appui.

<u>Site Internet</u>

Centre de recherche appliquée en psychopédagogie perceptive
<www.cerap.org/index.php/en>

Le Yoga

Le Yoga a son origine en Inde et fut créé pour préparer le corps pour des pratiques de méditation. Le mot vient du Sanskrit et signifie « joug », ou « joindre », joindre le corps et l'esprit. La pratique du Yoga unifie le corps et l'esprit et tonifie les muscles, améliore la flexibilité, augmente la puissance de la respiration et procure beaucoup de bienfaits aux niveaux physique et psychologique.

J'ai trouvé que faire de 15 à 30 minutes de Yoga à chaque jour depuis les 30 dernières années m'a aidé à garder mon corps tonifié et a amélioré et maintenu ma flexibilité.

De plus, ma respiration et ma capacité aérobique semblent être restées au-dessus de la moyenne. Je le remarque surtout en faisant du sport ou de l'exercice physique en compagnie d'autres personnes qui s'essoufflent facilement après peu d'efforts alors que ma respiration reste lente et régulière.

Il y a beaucoup d'approches dans le Yoga, chacune avec une focalisation différente.

Les studios de Yoga sont très répandus et facilement accessibles et les cours sont peu dispendieux.

Ce que j'aime du Yoga, c'est qu'on peut en faire peu importe où nous sommes, à la maison ou en voyage. Il est « transportable ».

méditation vient du latin *meditatio*, qui veut
ontempler ou réfléchir ».

Les diverses formes de méditation visent à entraîner
l'esprit pour éviter d'être pris en otage par les pensées
superflues. La méditation développe aussi l'habileté d'être
présent et conscient. La pratique de la méditation développe
l'observateur afin que cet observateur puisse se détacher de la
partie qui fait l'expérience. Ceci améliore l'habileté de se
concentrer et diminue le drame de l'expérience. Une personne
qui médite de façon régulière est généralement plus détendue,
consciente et mieux capable de répondre à ce qui se passe. En
pratiquant de façon assidue, on devient plus détaché de l'ego
ou le Moi avec lequel on s'identifie.

Ultimement, le but est de pouvoir être continuellement
dans un état méditatif, soit continuellement conscient, et de
vivre à partir de l'observateur de l'expérience vécue par le
soi.

Les Yogis et les moines tibétains peuvent contrôler
leur corps et leur cerveau lorsqu'ils sont dans des états
profonds de méditation. Plusieurs études ont été faites avec
des examens qui confirment l'effet de la méditation sur
l'activité et les fonctions du cerveau. Certaines sont
mentionnées dans *The Mindful Brain* de Daniel Siegel.

Il y a différentes approches actives et passives à la
méditation. On peut méditer en position assise, en mangeant,
en marchant ou en faisant d'autres mouvements.

- La méditation transcendantale est devenue très
populaire vers la fin du 20e siècle et l'est encore.
Les expérimentations et les études scientifiques
sont énumérées sur ce site Internet :
http://www.trancenet.org/tmresearch.htm.   La

recherche a démontré que lorsqu'un grand nombre de personnes pratiquaient en même temps cette forme de méditation, le taux de criminalité a baissé dans la ville où ils pratiquaient.

- La méditation bienveillante, beaucoup popularisée par Thich Nhât Hanh, développe la capacité de maintenir l'état de conscience bienveillante en tout temps.

- La méditation Vipassana, une forme de méditation enseignée par le Bouddha, peut être expérimentée lors de sessions intensives de trois ou dix jours.

- La méditation Zen est bien connue et pratiquée.

La méditation peut être faite seule ou en groupe. L'énergie collective d'un groupe renforce et enrichit l'expérience de méditer.

Il n'est pas nécessaire de méditer pendant des heures pour que ce soit bénéfique. Simplement de s'asseoir pour dix ou quinze minutes par jour aide à se centrer et à calmer l'esprit.

La méditation « Shaking » de Ratu Bagus

J'ai découvert le shaking bioénergétique lors d'un séjour de six jours à l'ashram Ratu Bagus à Bali, Indonésie et je l'ai trouvé tellement prenante que je continue de la pratiquer à presque tous les jours.

Ratu Bagus, un enseignant spirituel doué de pouvoirs extraordinaires, a développé cette forme de méditation et l'enseigne aux gens locaux et internationaux à son centre situé au pied du Mont Agung à Bali.

Le texte suivant est traduit du site Internet avec leur permission.

« Pour certains, c'est connu sous le nom de « Shaking », une expérience de vie transformatrice, rendue possible par la transmission qui provient du maître énergétique Ratu Bagus. Cette transmission énergétique allume le feu sacré qui dort en chacun de nous et appelle notre propre système énergétique à se souvenir et « éveiller » la capacité naturelle de guérison de nos corps sur les niveaux physique, émotionnel, mental et spirituel.

L'énergie est complète et travaille à plusieurs niveaux et non seulement au niveau physique. C'est une pratique plutôt qu'une théorie ou une technique. Ratu enseigne qu'une plus grande compréhension de nous-mêmes se passe non par l'esprit, mais plutôt lorsque nous permettons à l'énergie de se connecter à une partie beaucoup plus profonde de nous-mêmes. La transformation se fait alors spontanément et les blocages qui nous empêchent d'atteindre notre plus grand potentiel sont libérés.

La pratique

La pratique se manifeste en mouvement du corps. En suivant la haute vibration de l'énergie, nous pouvons peut-être sentir le corps se secouer, ou se bouger de façon spontanée, ou même vriller, ce qui est aussi simple et puissant. Beaucoup de personnes témoignent d'une transformation de leur vie dans un court laps de temps.

Lorsque nous nous syntonisons à la connexion à l'énergie, le corps « se souvient» et l'énergie commence à nous bouger. Ceci est une sensation merveilleuse; certains la décrivent comme se connecter à leur âme, le dieu intérieur, leur soi originel.

Lorsque nous pratiquons, nous permettons à l'énergie d'entrer dans le corps et faisons confiance que cette énergie intelligente nous donnera tout ce dont nous avons besoin. Ce feu sacré nous retournera à notre état naturel d'harmonie, d'unité, de paix, de joie et de santé radiante. Le cadeau est présent pour tous; il n'y a pas d'âge auquel on ne peut pas pratiquer la méditation BioÉnergique.

"Om Swastiastu Ratu Bagus"

Ce mantra est utilisé durant la pratique en méditant et en pratiquant – en concentrant notre attention sur lui, nous appelons l'énergie à nous aider. Ratu dit qu'il est très simple, mais complet.

Le processus

Un processus est fondamental à la croissance dans la pratique. À mesure que l'énergie devient plus forte, elle repousse tout ce qui est négatif. Ceci est la façon naturelle du corps de se purifier. Cette libération physique et émotionnelle peut se manifester de plusieurs façons telles que la toux, le rire, le cri, la danse, etc.

259

Plus nous pratiquons et développons une relation avec la lumière divine intérieure, plus elle peut nous enseigner. Les réponses aux questions que nous avons sur nous, sur notre vie et notre mission deviennent claires. Au fil du temps, la vie retrouve sa qualité magique et nous sentons plus de capacité à nous connecter à la vie. Nous devenons plus en santé et plus vibrants et nous ressentons plus de liberté et d'amour pour soi et pour ceux qui nous entourent.

La médecine du rire

Il est central à l'enseignement de Ratu d'être positif; de vivre à partir de cette énergie, quoi qu'il arrive dans notre vie. Durant la pratique, les personnes vivent souvent des rires incontrôlables, un rire véritable qui vient de l'intérieur, de l'âme. Ratu dit que lorsque nous faisons l'expérience de ce rire, ceci réveille les chakras, et permet à l'énergie de bien travailler dans le corps. Le rire aide à se connecter à l'âme, et c'est alors facile de prendre soin du corps physique. Avec cette forte connexion au divin, nous pouvons devenir libres. Nous pouvons laisser aller les attaches et rehausser notre conscience et trouver le paradis à l'intérieur en suivant notre rire. Ratu dit toujours « Problème ? Pas de problème. » Lorsque nous rions, nous permettons à la vie de devenir pleine de pensées positives.

Lorsque nous pratiquons, nous apprenons à nous aimer et ensuite nous pouvons avancer dans la vie avec un sourire. Nous aimer veut dire que nous sommes en train de nous guérir.» - Ratu Bagus.

Livre (disponible en anglais seulement)

Donder, K. *Ratu Bagus Bio-Energy*. Muncan, Bali, Indonesia: Ratu Bagus Ashram

Ce livre est seulement disponible sur le site Internet de l'ashram Ratu Bagus.

260

Un autre livre publié en indonésien se fait présentement traduire vers anglais.

<u>Site Internet</u>

Ashram Ratu Bagus

La Biodanza

Il est difficile d'expliquer ce qu'est la Biodanza; la meilleure façon de la connaître réellement est d'en faire l'expérience. Je peux dire que depuis les six années que j'en fais, mon habileté d'être en relation s'est améliorée. Je me sens plus à l'aise dans un groupe. J'ai grandi dans mon amour-propre et ma confiance en moi et je suis plus ancré dans mon identité. Tout ceci se fait ressentir dans mes relations. J'ai aussi développé de bonnes amitiés.

Je ne suis pas facilitateur, mais je vais quand même tenter de la décrire à partir de mon expérience.

La Biodanza est une activité de groupe qui a pour but d'évoquer l'expérience du moment présent de la vie dans toute son intensité, complètement ressentie dans le moment présent vécu. En d'autres mots, elle encourage une expérience totale de la vie, un sens d'être intensément en vie. Son créateur, Rolando Toro, a nommé ceci la Vivencia. Elle est un système activité affectivo-motrice qui intègre ce qui se passe en nous avec le corps et vice-versa.

Les vivencias débutent toujours par un cercle de partage durant lequel les participants parlent de leur expérience de vivencias antérieures et quel a été l'effet ressenti, à moins, évidemment, que ce soient des personnes nouvelles. Ensuite, la facilitatrice introduit et élabore sur le thème de la soirée (ou la journée ou la fin de semaine selon le cas). La vivencia débute et finit par une ronde. Durant la vivencia, le facilitateur propose différents exercices à être faits seul, avec un partenaire ou en groupe. Le facilitateur démontre l'exercice proposé afin de stimuler les neurones miroirs et les participants sont ensuite invités à le faire. Le tout se déroule sans la parole.

Ceux qui y participent régulièrement bénéficient d'un approfondissement du processus et de relations plus riches avec les autres membres du groupe.

La Biodanza se concentre sur ce qui va bien pour améliorer, sans effort précis, ce qui pourrait être difficile dans la vie. Dans ce sens, elle est un processus transformateur.

Pour les débutants, il es possible de vivre l'expérience lors des soirées découvertes, ou en se joignant à un atelier de fin de semaine.

Site Internet

Biodanza
<www.biodanza.org/index.php?lang=fr>

Autres approches efficaces

Le chemin de la transformation (The Pathwork)

Eva Brock a canalisé la conscience spirituelle du « Guide » qui a été transcrite en 258 lectures. Cette série de canalisations est devenue la base du Chemin de la transformation, un programme d'éveil spirituel et de transformation personnelle de quatre années.

L'extrait suivant est tiré du site du Pathwork® avec la permission de l'International Pathwork Foundation. Pour plus d'information au sujet du Chemin de la transformation (Pathwork) visitez le site www.pathwork.org/francais.html.

« Le Chemin de la transformation » est un chemin spirituel de purification et de transformation personnelle sur tous les niveaux de conscience. Il met l'emphase sur l'importance de reconnaître et d'apprendre à connaître et ultimement transformer le soi inférieur ou le côté sombre de notre nature humaine. Le chemin nous aide à comprendre que par un examen honnête de soi, avec des outils et des pratiques judicieusement appliquées, nous pouvons vaincre et enlever les obstacles qui nous empêchent de vivre pleinement à partir de notre soi divin, notre vraie nature.

Nous espérons tous des relations plus riches et plus aimantes et nous voulons tous plus de plaisir physique, de vitalité et d'abondance. Ultimement, nous voulons un sens de la vie qui ne peut venir que d'un contact intime avec Dieu. Le Chemin de la transformation est une collection d'enseignements qui nous aident à nous voir et à nous comprendre, pour rendre possible l'élimination des obstacles qui nous séparent des autres, qui nous séparent de la source de notre créativité et de notre énergie vitale, de notre essence divine.

> *Le Chemin n'est pas dogmatique. Il ne requiert aucun système de croyance et ne demande pas d'abandonner les pratiques religieuses ou les croyances qui nous soutiennent et que nous trouvons nourrissantes. Il demande d'être disponible à examiner nos croyances et d'accepter l'autorité ultime du soi véritable. Le Chemin nous encourage aussi à développer un ego sain et mûr. C'est seulement quand l'ego est fortifié et purifié de ses fausses conceptions sur la vie et sur sa tâche qu'il peut enfin voir au-delà de lui-même et reconnaître qu'il est seulement une partie (vitale) du plus grand soi. En utilisant l'ego pour se transcender, cela nous donne une façon de devenir pleinement et consciemment qui nous sommes : notre soi véritable, notre soi divin. »*

Livres

Livres en français

Pierrakos, E. (1993). *Le chemin de la transformation* (traduction, P. Favro). Saint-Jean-de Braye : Dangles.

Pierrakos, E., & Saly, J. (2009). *Créer l'union : le sens spirituel des relations* (traduction, P. Favro). Montréal : Éditions Mots en toile.

Livres en anglais

Thesenga, S. (1994). *The undefended self.* Del Mar, CA: Pathwork Press.

Thesenga, D. (1993). *Fear no evil: The Pathwork Method of transforming the lower self.* Del Mar, CA: Pathwork Press.

<u>Site Internet</u>

Pathwork Foundation
<www.pathwork.org/francais.html>

Le Travail, de Byron Katie

<u>La méthode</u>

Byron Katie a développé une méthode remarquablement simple et efficace d'examiner les difficultés de la vie et d'accepter la réalité telle qu'elle est plutôt que de chercher celle que nous voudrions.

La technique demande de se poser quatre questions sur la situation qui nous dérange ou qui nous déclenche et ensuite de retourner la situation pour nous permettre de voir d'autres perspectives.

Après avoir identifié la difficulté, ex. « Jean me tyrannise », les questions à poser sont :

- Est-ce vrai ?
- Est-ce que je peux être absolument certain que c'est vrai ?
- Comment réagis-tu lorsque tu as cette pensée ?
- Qui serais-tu sans cette pensée ?

Ensuite on la retourne, on la dit d'une autre façon. Ex. si votre difficulté est « Jean me tyrannise » vous explorez des tournures différentes, telles que :

- Je tyrannise Jean
- Je tyrannise les autres

Byron Katie a créé une école de formation dans la méthode et organise des séminaires intensifs dans lesquels les participants apprennent à travailler sur leurs difficultés et transformer leur expérience de la réalité.

Elle a formé beaucoup de thérapeutes pour aider les gens.

Livre

Katie, B., & Mitchell, S. (2003). *Aimer ce qui est – Quatre questions qui transforment votre vie* (traduction, M.-B. Daigneault). Outremont (Québec) : Éditions Ariane.

Site Internet

Le Travail
<www.thework.com/francais>

La communication non violente

La méthode de Communication NonViolente (CNV), parfois appelée Communication Consciente, fut créée par Marshall Rosenberg.

Dans son livre *Les mots sont des fenêtres, (ou des murs)* (Rosenberg, 1999) l'auteur démontre en premier que la communication, telle que nous l'employons le plus souvent, bloque la compassion. Ensuite, il démontre comment observer sans évaluer ou juger et aussi comment reconnaître nos sentiments et nos émotions. Il fait la distinction entre les vrais et les faux sentiments. Il parle aussi de prendre responsabilité.

Il explique que la colère est un signal qu'un besoin n'est pas satisfait, et comment reconnaitre ce besoin.

Il enseigne sa méthode pour communiquer à partir de sa vérité sans se blâmer, sans blâmer l'autre, parler des faits observés, comment exprimer sa colère et comment faire une demande (et non une exigence) pour empêcher que la situation se reproduise.

Cette méthode très efficace est enseignée dans le monde entier. Vous pouvez vous joindre à des cercles de pratique pour intégrer la méthode dans votre vie quotidienne.

Livres

Rosenberg, M. (1999). *Les mots sont des fenêtres, (ou des murs) : introduction à la communication non violente* (traduction, A. Cesotti & C. Secretan). Paris : Éditions Jouvence.

D'Ansembourg, T. (2010). *Cessez d'être gentil : soyez vrai !.* Montréal : les Éd. de l'homme.

Vidal-Graf, S. & Vidal-Graf, C. (2002). *La colère, cette émotion mal aimée : exprimer sa colère sans violence.* Saint-Julien-en-Genevois : Jouvence.

Site Internet

NVC Europe, site francophone
<www.nvc-europe.org>

Ho O'ponopono

Dans *Zéro limite* (Vitale, 2009), l'auteur rapporte que le Dr Ihaleakala Hew Len a complètement fermé une aile d'hôpital psychiatrique en guérissant les patients à l'aide de cette méthode, sans travailler directement avec eux.

La méthode est fondée sur la prise de responsabilité totale des actions de tous (pas seulement des nôtres). L'application de cette méthode est trompeusement simple — de répéter ces quatre bouts de phrase tout en tenant en conscience la situation ou la problématique. « Je t'aime, Je suis désolé, SVP me pardonner, Merci. »

Selon le Dr Hew Len, nous revivons de vielles mémoires qui sont emmagasinées dans notre conscience (les nôtres ou celles que nous avons partagées avec d'autres). Ces bouts de phrases nettoient ces mémoires et les libèrent; ceci nous permet de créer ce que nous voulons véritablement dans notre vie à partir du nouvel « état zéro », un état de possibilités infinies et non réalisées.

Livre

Vitale, J., & Ihaleakala H. L. (2009). *Zéro limite* (traduction, S. Ouellet). Bois-des-Fillions (Québec) : Messageries Benjamin.

Site Internet

L'identité de soi par le Ho'Oponopono
<www.hooponoponofrance.com>

274

La pratique du Tonglen

Le Tonglen est une pratique de compassion, et le cœur de la méthode est d'inspirer notre souffrance ou celle d'une autre personne et d'expirer la compassion ou des émotions guérissantes reliées à la souffrance spécifique dont il est question.

Il est unifiant de savoir qu'en faisant le Tonglen, nous réalisons que notre souffrance, ou celle d'une autre personne, est en fait l'expérience de beaucoup d'autres personnes en même temps. Alors, si nous travaillons sur nous ou sur une situation en particulier, cela aide à tous de guérir.

Le Tonglen peut être pratiqué en tant que méditation formelle ou bien à tout moment qui semble approprié.

Sogyal Rinpoche dédie un chapitre complet à la pratique du Tonglen dans *Le livre tibétain de la vie et de la mort* (Rinpoche, 1993, chap. 12) et en explique les étapes pour le faire pour nous-mêmes, pour les autres ou pour l'environnement.

Pema Chodren donne une description complète et concise sur la pratique sur son site Internet.

<u>Livres</u>

Rinpoche, S. (1993). *Le livre tibétain de la vie et de la mort* (rédaction, P. Gaffney & A. Harvey; traduction, G. Gaudebert & M.-C. Morel). Paris : la Table Ronde.

Chodron, P. (1999). *Quand tout s'effondre : conseils d'une amie pour des temps difficiles.* Paris : la Table Ronde.

<u>Site Internet</u>

Shambala, Pema Chodron
<www.shambhala.org/teachers/pema/tonglen1.php>

BIBLIOGRAPHIE

LIVRES EN FRANÇAIS

Bach, R. (1996). *Illusions : Le messie récalcitrant.* Paris : J'ai lu.

Bois, D. (2006). *Le moi renouvelé : Introduction à la somato-psychopédagogie.* Paris : Éditions Point d'appui.

Bois, D., Josso, M. C., & Humpich, M. (2009). *Sujet sensible et renouvellement du moi : les contributions de la fasciathérapie et de la somato-psychopédagogie.* Ivry : Point d'appui.

Brennan, B. A. (1993). *Le pouvoir bénéfique des mains* (traduction, A. Sinet). Paris : Sand.

Brennan, B. A. (1995). *Guérir par la lumière* (traduction, F. Austin). Paris : Tchou.

Chodron, P. (1999). *Quand tout s'effondre : conseils d'une amie pour des temps difficiles.* Paris : la Table Ronde.

Craig, G. (2012). *Le manuel d'EFT : Emotional Freedom Techniques* (ouvrage publié sous la direction de C. Carru). Paris : Dangles éd.

D'Ansembourg, T. (2010). *Cessez d'être gentil : soyez vrai !.* Montréal : les Éd. de l'homme.

Desjardins, A. (2002). *Arnaud Desjardins au Québec.* Montréal (Québec) : Stanké.

Desjardins, A. (1998). *L'audace de vivre.* Paris : la Table Ronde.

Ford, D. (2003). *La part d'ombre des chercheurs de lumière : recouvrez votre pouvoir, votre créativité, votre éclat et vos rêves* (traduction, C. Feuillette). Montréal (Québec) : du Roseau.

Honervogt, T. (1998). *Reiki ou L'art de guérir et d'harmoniser avec les mains* (traduction, J. Brunet). Paris : le Courrier du livre.

Horan P. (2004). *Reiki, Soigner, se soigner : L'énergie vitale canalisée par vos mains* (traduction, A. Derouet-Delmont). Nouv. éd. Paris : Éd. Medicis.

Katie, B., & Mitchell, S. (2003). *Aimer ce qui est – Quatre questions qui transforment votre vie* (traduction, M.-B. Daigneault). Outremont (Québec) : Éditions Ariane.

Kornfield, J. (1998). *Périls et promesses de la vie spirituelle : un chemin qui a du cœur* (traduction, G. Gaudebert & J.-P. Bouyou). Paris : La Table Ronde.

Kurtz, R. S., & Prestera, H. (1989). *Ce que le corps révèle* (traduction, J. Busiaux)**.** Paris : Éd. Greco.

Lowen, A. (1995). *La joie retrouvée* (traduction, M. Coulin). St-Jean-de-Braye (France) : Éditions Dangles.

Lübeck, W. (1993). *Les voies du cœur* (traduction, C. Gauffre). Paris : G. Trédaniel.

Mary, R. (2005). *Le Reiki Aujourd'hui : De l'origine aux pratiques actuelles*. Barret-sur-Méouge, FR : Le Souffle d'Or.

Motz, J. (1999). *Les mains de vie et d'énergie : une thérapeute de l'énergie révèle comment utiliser l'énergie du corps pour se soigner et se transformer* (traduction, K. Holmes). Paris : Tchou.

Pierrakos, E. (1993). *Le chemin de la transformation* (traduction, P. Favro). Saint-Jean-de Braye : Dangles.

Pierrakos, E., & Saly, J. (2009). *Créer l'union : le sens spirituel des relations* (traduction, P. Favro). Montréal : Éditions Mots en toile.

Pierrakos, J. C. (1991). *Le noyau énergétique de l'être humain ou les sources intérieures de l'amour et de la santé* (traduction, S. Mouton). Paris : Sand.

Rinpoche, S. (1993). *Le livre tibétain de la vie et de la mort* (rédaction, P. Gaffney & A. Harvey; traduction, G. Gaudebert & M.-C. Morel). Paris : la Table Ronde.

Rosenberg, M. (1999). *Les mots sont des fenêtres, (ou des murs) : introduction à la communication non violente* (traduction, A. Cesotti & C. Secretan). Paris : Éditions Jouvence.

Schwartz, R. C. (2009) *Système familial intérieur, blessures et guérison : un nouveau modèle de psychothérapie* (traduction, M. Vazire, L. Holdship, F. Le Doza). Issy-les-Moulineaux : Elsevier-Masson.

Tolle, E. (2000). *Le pouvoir du moment présent.* Outremont (Québec) : Ariane éd.

Tolle, E. (2005). *Nouvelle terre : l'avènement de la conscience humaine* (traduction, A. Olivier). Outremont (Québec) : Ariane.

Vidal-Graf, S. & Vidal-Graf, C. (2002). *La colère, cette émotion mal aimée : exprimer sa colère sans violence.* Saint-Julien-en-Genevois : Jouvence.

Vitale, J., & Ihaleakala H. L. (2009). *Zéro limite* (traduction, S. Ouellet). Bois-des-Fillions (Québec) : Messageries Benjamin.

LIVRES EN ANGLAIS

Barstow, Cedar. (2007). *Right use of power: The heart of ethics*. Boulder, CO: Many Realms Publishing, 2007

Brennan, B. A. (1999). *Seeds of the Spirit.* Barbara Brennan Inc.

Craig, Gary. (2008). *EFT for PTSD (Post traumatic stress disorder)*. Fulton, CA: Energy Psychology Press.

Craig, Gary. (2010). *EFT for weight loss*. Fulton, CA: Energy Psychology Press.

Dale, Cindi. (2009). *The subtle body: An encyclopedia of your energetic anatomy*. Boulder, CO: Sounds True.

Donder, K. *Ratu Bagus Bio-Energy*. Muncan, Bali, Indonesia: Ratu Bagus Ashram

Fisher, R. (2002). *Experiential psychotherapy with couples: A guide for the creative pragmatist*. Phoenix, AZ: Zeig, Tucker and Theisen Inc.

Goldman, J. (1996). *Healing sounds: The power of harmonics*. Boston, MA: Element Books.

Grad, B. R. (1965). *"Some Biological Effects of Laying-on of Hands: A Review of Experiments with Animals and Plants."* Journal of the American Society for Psychical Research.

Haberly, H. J. (1990). *Hawayo Takata's story*. Olney, MD: Archedigm Publications.

Horan, P. (1995). *Abundance through Reiki*. Twin Lakes, WI: Lotus Light Publications.

Johanson, G., & Kurtz, R. S. (1991). *Grace unfolding: Psychotherapy in the spirit of the Tao-te Ching*. New York, NY: Bell Tower.

Johnson, S. M. (1985). *Characterological transformation*: *The hard work miracle*. Markham, ON: Penguin Books.

Johnson, S. M. (1994). *Character styles*. New York, NY: W. W. Norton & Company.

Judith, A. & S. Vega (1993). *The sevenfold journey: Reclaiming mind, body, and spirit through chakras*. Freedom, CA: Crossing Press.

Judith, A. (2004). *Eastern body, western mind*. Berkeley, CA: Celestial Arts.

Kenyon, T. (1994). *Brain States*. United States Publishing.

Kurtz, R. S. (1990). *Body-Centered psychotherapy: The Hakomi Method*. Mondocino, CA: LifeRhythm.

Lübeck, W. , & Arjava Petter F., & Rand, W. L. (2001). *The spirit of Reiki*. Twin Lakes, WI: Lotus Press.

Ogdon, P.,& Minton, K., & Pain, C. (2006). *Trauma and the body: A sensorimotor approach to psychotherapy*. New York, NY: W. W. Norton & Company.

Schwartz, R. C. (2008). *You are the one you've been waiting for: Bringing courageous love to intimate relationships*. Eugene, OR: Trailheads.

Siegel, D. J. (2007). *The mindful brain: Reflection and attunement in the cultivation of well-being*. New York, NY: W. W. Norton & Company.

Stibal, Vianna. (2000). *Go up and work with God*. Roberts, ID: Rolling Thunder Publishing.

Stibal, Vianna. (2006). *Theta Healing*. Idaho Falls, ID: Rolling Thunder Publishing.

Taylor, Kylea. (1995). *The ethics of caring: Honoring the web of life in our professional healing relationships.* Santa Cruz, CA: Handford Mead Publishers.

Thesenga, S. (1994). *The undefended self.* Del Mar, CA: Pathwork Press.

Thesenga, D. (1993). *Fear no evil: The Pathwork Method of transforming the lower self.* Del Mar, CA: Pathwork Press.

Williamson, M. (1992). *A return to love: Reflections on the principles of a Course in Miracles.* New York: Harper Collins.

À PROPOS DE L'AUTEUR

Roland est Maître Reiki depuis 1997 et l'enseigne depuis 1998.

Après avoir œuvré 28 années dans le domaine du génie comme ingénieur et directeur de projets, il a changé le cours de sa vie pour devenir facilitateur en guérison afin de travailler de plus près avec les gens et les accompagner sur leur chemin de transformation personnelle.

Depuis l'obtention de son diplôme comme praticien en Science de guérison de Barbara Brennan en 2002, il a continué de se perfectionner pour ajouter des outils qu'il intègre à son approche globale.

Il est diplômé comme enseignant de la méthode Brennan, certifié comme praticien et formation en Hakomi, détient les certificats de base et avancé en EFT et un certificat en Somato-Psychopédagogie (SPP) et Fasciathérapie (méthode Danis Bois). Il suit présentement une formation en Cœur Énergétique (Core Energetics).

Roland offre des sessions individuelles, des cours de Reiki, et divers ateliers en croissance personnelle.

Il pratique à Montréal (Québec) Canada.

AUTRES OUVRAGES PAR L'AUTEUR

Version numérique en français

La version numérique en français de ce livre est disponible sur les sites Internet suivants :

Le Reiki – Puissant catalyseur de transformation personnelle et de guérison

ISBN-13: 978-0-9919112-0-2

<www.smashwords.com/books/view/303114>

<www.amazon.com>

Versions en anglais

Les versions en anglais (numérique et imprimée) de ce livre sont aussi disponibles.

<u>Version imprimée :</u>

Reiki – A Powerful Catalyst for Personal Growth and Healing

ISBN-13: 978-0-9919112-2-6

<www.rolandberard.com>

<u>Version numérique :</u>

Reiki – A Powerful Catalyst for Personal Growth and Healing

ISBN-13: 978-0-9919112-1-9

<www.smashwords.com/books/view/301876>

Articles

Les articles suivants publiés par l'auteur sont disponibles sur cette page internet :

<www.rolandberard.com/Production/FR/MesArticles.htm>

- Le suivi sur diagramme de guérison énergétique selon la Science de guérison de Barbara Brennan – une évaluation de résultats
- La puissance de l'intention dans la dynamique de groupe
- Comparaison Reiki – Science de guérison de Barbara Brennan

TABLE DES MATIÈRES

22894227R00159

Made in the USA
Charleston, SC
07 October 2013